ALLTAG AUS, ERHOLUNG AN!

Ob direkt vor der Haustür oder in einer bislang unbekannten Gegend: Überall gibt es sie, die kleinen Kraftorte, die Entspannungs-Tankstellen, die Ecken, in denen man einfach die Seele baumeln lässt.

In ganz Deutschland kann man schnell mal offline gehen. Abseits der üblichen Pfade aktiv entspannen. Und das braucht weder eine aufwendige Planung noch viel Geld. An viele der vorgeschlagenen Orte gelangt man leicht mit Bus oder Bahn, und mit festen Schuhen ist man für die meisten Touren bestens ausgerüstet. Dann kann es losgehen! Durchatmen, entspannen, Neues wagen, ein bisschen Nervenkitzel – ruhige Orte mit abwechslungsreichen Aktivitäten verknüpfen.

Manche Forscher sagen ja, man solle öfter kurze Urlaube machen. 52 große und kleine Anregungen dazu finden sich auf den nächsten Seiten. Auszeiten zu Fuß, mit dem Rad oder auf dem Wasser.

Denn, wie das ZukunfsInstitut ganz treffend vorhersagt, »regelmäßig aus der Routine auszubrechen führt zu einer intensiveren Wahrnehmung – und vor allem zu sich selbst«.

Viel Vergnügen da draußen!

Übrigens: Die GPX-Daten für alle Touren im Buch können unter www.dumontreise.de heruntergeladen werden. Mehr dazu auf Seite 237.

IM NORDEN AB SEITE ...

IM HERZEN AB SEITE ...

IM SÜDEN AB SEITE ...

AUSZEIT.
ABENTEUER.
LEBENSFREUDE.

1. KAPITEL IM NORDEN

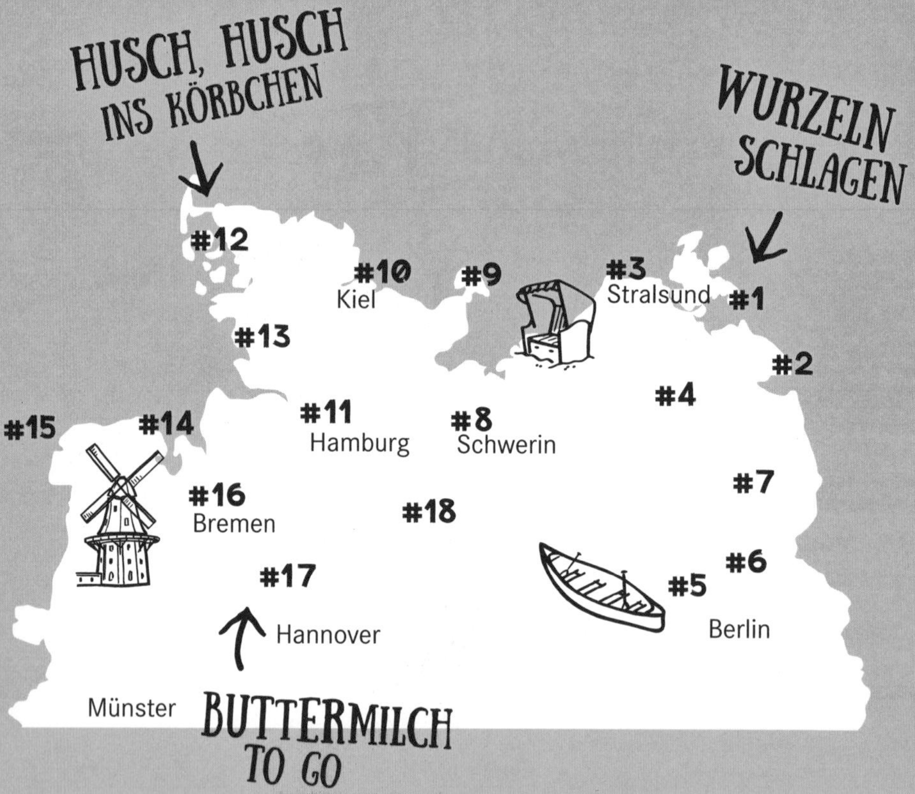

Abseits des Trubels

Sich von Aussichten fesseln lassen, durch unterschiedlichste Landschaften streifen oder am Wasser aktiv werden – die nächsten Wochenendabenteuer sind gar nicht weit.

RÜGENS RUHEZONE

... auf der Halbinsel Mönchgut

#1

Ausblicke zum Wurzelnschlagen. Die wohl hübschesten Dörfer der Insel. Wanderungen, die niemanden überfordern. Und eine Landschaft, die für viele die schönste Rügens ist. Im Mönchgut, der ruhigen Halbinsel im Südosten Rügens, wird jeder glücklich!

#BergefürZwerge #wosinddieHobbits? #Wohnfloß #unterSchafen

Meerblick ohne Massen – in Klein-Zicker geht das sogar im Hochsommer.

Berge sagen sie. Alpen sogar! Dabei sind die Zickerschen Erhebungen bestenfalls Hügel. 66 Meter misst der höchste, so viel wie in der Stadt ein kleineres Hochhaus. Es sind Berge für Zwerge. Und tatsächlich erinnern die Anhöhen aus der Ferne an das tolkiensche Auenland. Ob hier Hobbits leben?

Aber es ist natürlich nicht Mittelerde, sondern Südwestrügen. Und keine Zwerge kreuzen den Weg, sondern Schafe (viele) und Wanderer (wenige). Dennoch hat diese Landschaft etwas Märchenhaftes. Sie wirkt wie nicht von dieser Welt. Verträumt. Verwunschen. Wie geschaffen für fantastische Geschichten.

Gleich zu Beginn des Wanderweges, kurz hinter der Kurverwaltung in Gager, zieht sich ein gigantischer Blumenteppich über den Hügel. Es blüht, duftet und summt. Trockenrasen ist das, wird später eine Tafel erklären. Hier haben sich die Pflanzen an den nährstoffarmen Standort angepasst und dennoch eine erstaunliche Vielfalt hervorgebracht.

Weiter geht es, den Bakenberg hinauf, der einen grandiosen Ausblick bietet: auf das Meer, auf die Reetdächer am Ufer, auf Segelboote in Häfen. Nach Groß Zicker, das sich malerisch am Bodden erstreckt und wo man zumindest bis zum Pfarrwitwenhaus mit dem Zuckerhut-

Schlafen im Hafen: Die Strandwagen haben zwar weder Dusche noch WC, dafür aber einen Logenplatz für die romantischen Sonnenuntergänge.

dach laufen sollte, geht es vorbei an Feldern und Schafen in einen kleinen Wald. Eine Holztreppe führt hinunter zum Nonnenloch – einem wilden Strand, der von einem großen Findling bewacht wird. Wer sich traut, klettert drauf, genießt den Blick auf das Meer und die Ruhe.

Später am Tag wird man von der kleinen Terrasse des historischen Badewagens im Hafen von Gager, der als Unterkunft dient, wieder auf das Wasser gucken. Oder man lässt sich komplett von Wasser umspielen: auf einem der beiden Wohnfloße, die der Hafenmeister wie die Badekarren an Touristen vermietet. Einschlafen, während die Wellen sanft an die Wände klatschen – besser geht es nicht. Am Vormittag des nächsten Tages unbedingt bei Fischer Thomas Koldevitz vorbeischauen, der wenige Meter weiter seinen fangfrischen Fisch verkauft – und dabei auf seine charmant-raue Art das Klischee des Poken widerlegt, wie man die angeblich unzugänglichen und sturen

---

Hin & weg: Mit dem Bus nach Gager. Dort gehen die Wanderungen los. Wer am zweiten Tag nicht von Klein Zicker zurücklaufen möchte, steigt dort in den Bus zurück nach Gager.

Beste Zeit: Am schönsten im Sommer, wenn die Wiesen blühen.

Dauer & Strecke: Mindestens 2 Tage. Wanderung am ersten Tag: etwa 7 km, am zweiten Tag: 20 Kilometer. Wer mit dem Bus zurückfährt, geht nur die halbe Strecke.

Ausrüstung: Festes Schuhwerk.

Wenn es Nacht wird: Übernachten kann man im Strandwagen direkt auf der Mole oder im Hausboot direkt auf dem Wasser. Infos und Link zur Buchung unter: marina-gager.com/Wohnen-auf-dem-Wasser

---

Kormorane beim Sonnenbad, Reetdächer hinter Stockrosen und ein Spruch im Hafen von Gager, dem man nicht widersprechen kann – das ist das Mönchgut!

Mönchguter auch nennt. Dann geht es weiter gen Süden. Der Weg führt am herrlichen, ewig langen Gager Strand entlang, weiter durch Thiessow, dann über die Mole, vorbei am Strand, den die Kitesurfer für sich entdeckten, bis nach Klein Zicker, das auf einer kleinen Halbinsel liegt, welche auf der westlichen Seite von einem malerischen Steilufer gefasst wird. Am Ende der Dorfstraße geht es rechterhand einen kleinen Berg hinauf. Wieder hat man einen herrlichen Blick – auf das offene Meer diesmal, das mit sämtlichen Blautönen spielt. Wer es bis jetzt noch nicht ist, wird es hier auf jeden Fall: einfach glücklich!

FAZIT: BEI WANDERUNGEN IM MÖNCHGUT KOMMT KEINE LANGEWEILE AUF. DIE STRECKEN SIND ÜBERSCHAUBAR, DIE HÖHEN UNPROBLEMATISCH, DIE AUSBLICKE FANTASTISCH! UND JEDERZEIT KANN MAN EINEN BADESTOPP EINLEGEN.

FERN DES FERIEN-TRUBELS

... auf Usedom

#2

Man kann den Lieper Winkel wunderbar links liegen lassen: Auf dem Weg von Anklam in die Kaiserbäder geht das quasi automatisch. Doch dann verpasst man was. Nämlich den vielleicht letzten richtig ruhigen Winkel der Insel.

#Fluchtort #ReetdachLove #schöneinsam

Finde den Fehler im Bild! Ein Strand auf Usedom an einem heißen Hochsommertag: Ein paar Möwen sitzen auf Holzpfählen im Wasser, die Sonne lacht, der Himmel macht blau, ein Bötchen schaukelt auf dem Wasser - kein Mensch weit und breit. Man möchte sich ungläubig die Augen reiben. Wo sind denn die ganzen Leute?

Aber an diesem Bild ist nichts falsch, niemand hat Badende rausretuschiert. Denn das hier ist der Lieper Winkel, jene kleine Halbinsel zwischen Peenestrom und Achterwasser, die Touristen auf ihrem Weg vom Festland in die Kaiserbäder für gewöhnlich links liegen lassen. Der Lieper Winkel ist daher ein kleines Refugium, ein Fluchtort für Ruhesuchende im Hinterland Usedoms, die hier auf einsamen Wegen tief durchatmen.

Am besten erkundet man die Halbinsel zu Fuß. Und nimmt sich dafür reichlich von dem, was hier ohnehin üppig vorzukommen scheint: Zeit nämlich. Manche sagen auch, sie sei hier stehen geblieben. Zumindest sind die Einwohner gut im Bewahren von Traditionen, wie der Tracht zum Beispiel. Auch das typische Reetdach sieht man hier oft. Sogar die Bushaltestellen tragen eins und sehen damit niedlich aus.

Hin & weg: Nach Liepe mit dem Bus (etwa ab Usedom oder Heringsdorf); zurück ab Rankwitz mit dem Bus.

Beste Zeit: Frühjahr-Herbst.

Dauer & Strecke: 5-6 Std., ca. 15 km.

Ausrüstung: Mückenschutz, Proviant.

Wenn es Nacht wird: Eine Auswahl an Ferienhäusern gibt es z. B. unter www.usedom-lieperwinkel.de und www.hafen-rankwitz.de

---

Reetdach hinter Hagebutten, Fischerreusen als Wegweiser zum Strand, Möwen im Entspannungsmodus – willkommen in Warthe!

An einer dieser Haltestellen geht es los: in Liepe, Namensgeber der Region. Hier kann man sich die älteste Dorfkirche der Insel anschauen, 1216 wurde sie erbaut. Dann geht es weiter in das hübsche Grüssow, von dort auf den Damm und immer am Ufer des Achterwassers entlang, rund um die Spitze des Lieper Winkels.

In Warthe hinter den großen Fischerreusen rechts runter ans Wasser und an dem hübschen, kleinen Strand pausieren. Es ist ein besonderer Ort. Das Märchen »Vom Fischer un syner Fru«, das der in Wolgast lebende Maler und Dichter Phillip Otto Runge (1777–1810) für die Grimm-Brüder einst aufgeschrieben hat, soll hier entstanden sein. Man glaubt es sofort. Dieser verträumte Strand ist gemacht für Märchen.

Fortgesetzt wird der Weg über Quilitz nach Rankwitz – Hauptort mit Heimatstube –, dann zum Hafen, Ziel dieser Wanderung. Der Räucherfisch vom Rankwitzer Hafen ist berühmt, also etwas davon einpacken. Zuvor aber noch ein Weilchen die Hafenidylle genießen und den Blick ein letztes Mal über das Wasser schweifen lassen, in dem jetzt am Abend malerisch die Sonne versinkt.

FAZIT: WÄHREND ES IN DEN BADEORTEN DER INSEL IM SOMMER SEHR ENG WERDEN KANN, FINDET MAN IM LIEPER WINKEL RAUM FÜR SICH.

PSSST. GEHEIMTIPP

… das Tor zum Darß

#3

Über manche Orte gibt es offenbar nichts weiter zu sagen, als dass es dahinter richtig schön wird. »Tor« oder »Pforte« werden sie genannt, und wer hier längs kommt, will oft nur weiter. Dierhagen – »Tor zum Darß« – tut man damit ganz schön Unrecht.

Dem Meer lauschen – am Strand von Dierhagen geht das besonders gut.

Zugegeben, viel los ist hier nicht. Abgesehen vom jährlichen Tonnenabschlagen, bei dem ein geschmücktes Holzfass von darunter durchgaloppierenden Reitern kaputt geknüppelt wird. Aber dieser alte Brauch wird auch an anderen Orten fröhlich gefeiert. Und neben dem verträumten Hafen gibt es nicht viel zu entdecken. Ganz unaufgeregt wirkt der Ort – und genau das ist es, was Dierhagen ausmacht. Die Ruhe. Der Strand. Die Natur drumherum. Was will man mehr?

Wenn man schon mal hier ist, sollte man natürlich auch hindurch – durch das Tor, die Pforte, wie auch immer, und dann ab auf den Darß, wie die Halbinsel gern abgekürzt wird, die mit ihrem vollen Namen Fischland-Darß-Zingst heißt.

Sonnenuntergang mit Strandhafer.

Freiräume entdecken:
am Strand, am Hafen, im Wald.

Mit dem Fahrrad fährt man sie hinauf, immer den Ostseeküstenradweg entlang, der hier besonders schön ist. Überhaupt macht Fahrradfahren auf der Halbinsel großen Spaß: Kaum Steigungen, schöne Strecken, auf jedem Stopp gibt es etwas zu entdecken. Wieck, Ahrenshoop, Born, Prerow, Zingst. Und wer nicht am Bodden auf dem Festland zurückwill, steigt auf das Schiff - das Fahrrad kommt mit - und sieht den Darß vom Wasser aus.

Abends guckt man der Sonne zu, wie sie direkt hinten links ins Wasser plumpst. Vom Dach des Hotels Fischland im Strandkorb zum Beispiel. Oder unten am Strand. Ein anderer hat vorher einen Saunagang absolviert - die Sauna liegt direkt in den Dünen - und steigt der untergehenden Sonne entgegen in das abkühlende Nass.

Spätestens jetzt möchte man eigentlich nie wieder weg. Eine kleine Zeitreise ist das Höchste an Bewegung. Dafür geht es einfach in den kleinen Raum kurz vor der Lobby, zu den Fotos aus vier Jahrzehnten. Bild für Bild wandelt sich das Hotel der DDR-Oberen in ein Luxushotel der Jetztzeit. In das Design aus den Siebzigern könnte man glatt versinken.

Der Rückweg am nächsten Tag führt über Ribnitz-Damgarten. Bekannt ist die Stadt am Bodden für ihr Bernsteinmuseum. Weniger bekannt ist sie dagegen für Lyonel Feininger. Der Bauhausmeister und Maler war Anfang des 20. Jahrhunderts dreimal in der Stadt und füllte emsig seinen Skizzenblock. Das Rostocker Tor sollte ihn als Motiv sogar sein Leben lang beschäftigen.

Seit Kurzem führt ein Rundgang auf Feiningers Spuren durch die Stadt. An zehn Stationen weisen Stelen auf Motive des Künstlers hin. Wer durch das rechteckige Loch schaut, nimmt die Perspektive des Malers ein. Doch wer die Stadt mit seinen Augen sehen will, der sollte verliebt sein. Denn das war Feininger, als er zum ersten Mal hier war - und die Zärtlichkeit für jene Julia Berg, später seine zweite Frau, übertrug sich unweigerlich auf die Stadt. »Findetage« nannten die Verliebten ihre Zeit in Ribnitz, an das beide zeitlebens mit Sehnsucht zurückdenken sollten. Und finden dürfte auch der heutige Besucher so einiges, wenn auch vielleicht nicht unbedingt seine große Liebe ...

FAZIT: VIEL RUHE, EIN HERRLICHER STRAND, INSPIRIERENDE AUSFLÜGE – EINE AUSZEIT IN DIERHAGEN TUT EINFACH GUT.

Hin & weg: Nach Dierhagen fährt ein Bus ab Ribnitz-Damgarten.

Beste Zeit: Ganzjährig schön und nicht überlaufen, aber am ruhigsten außerhalb der Saison.

Dauer & Strecke: Radtour am 1. Tag 6–8 Std., ca. 55 km; Tour durch Ribnitz am 2. Tag 1–2 Std., ca. 2 km.

Ausrüstung: Proviant, festes Schuhwerk, im Sommer Badesachen.

Wenn es Nacht wird: Das Hotel Fischland liegt gleich direkt hinter den Dünen (www.strandhotel-fischland.de).

KOMMT ZEIT, KOMMT RAD

… in der Mecklenburgischen Schweiz

#4

Kein Wort passt hier besser als »Landpartie«. Man schwebt durch die hügelige Landschaft; Getreide-, Korn- und Mohnblumen wiegen sich im Wind. Für die Leichtigkeit sorgt das E-Bike. Ein ornithologischer Hotspot, ein traumhaftes Gutshaus und französische Kuchendelikatessen liegen am Wegesrand.

#Vogelpirsch #köstlicheLeckereien #SollzumBaden #GutshausvomFeinsten #Klosterruine

Sowohl das Niedermoor Großer Rosin als auch die Landschaft bei Pohnstorf sind ein Paradies für Radler.

Man fragt sich, wie der Siegeszug der E-Bikes in der Fahrradwelt gelingen konnte. Für jeden halbwegs sportlichen Radfahrer sind diese Gefährte doch eine waschechte Ohrfeige, ganz besonders im flachen Mecklenburg. Nicht so für Fabian Sösemann, den neuen Gutsherrn von Gut Pohnstorf. Er sieht viel Potenzial in der E-Mobilität, gerade für den Tourismus in der Region am Kummerower See, denn die Berge hier sind zwar nicht die Alpen, aber trotzdem nicht zu unterschätzen. Und er hofft, dass auch die einheimische Bevölkerung zukünftig öfter auf das E-Bike umsteigen wird. Deshalb hat er begonnen, ein Netz an Verleihstellen aufzubauen. Eine davon liegt in Verchen am Kummerower See, dem Ausgangspunkt dieser Radtour. Weit und breit ist kein Berg in Sicht. Dafür macht sich die Peene vom östlichen Ende des Sees weiter auf ihren Weg gen Norden. Keine Brücke führt hinüber, über das Wasser gelangt man nur mit einem Boot. Die Fähre Aalbude nimmt Fahrradfahrer gerne an Bord.

Direkt am Ufer gegenüber beginnt eine andere Welt, das Niedermoor Großer Rosin.

Wenig befahrene Straßen schlängeln sich durch die Felder mit herrlichen Ausblicken auf den Kummerower See.

Ornithologen aus der ganzen Welt geraten hier ins Schwärmen: »Ich habe heute schon 50 verschiedene Arten gesichtet« oder »Bitte Ruhe, ich höre einen Eisvogel!«, flüstern sie sich auf der Aussichtsplattform zu. Diejenigen mit den großen Objektiven und Ferngläsern interessieren sich eher für Kleinspecht, Rohrschwirl, Fischadler und Pirol. Die Landschaft sieht für mecklenburgische Verhältnisse so besonders aus, dass man sich kaum wieder trennen mag.

Weiter geht es über Kützerhof, Warsow und den schönen Naturhafen von Neukalen nach Salem. Kaum befahrene Straßen schlängeln sich durch die Felder mit herrlichen Ausblicken auf den Kummerower See. Dann kommen die Berge und mit ihnen kleine Schweißperlen, da hilft alles E nichts. Irgendwann ist Pohnstorf erreicht – der Ruf des schönen Gutes und des benachbarten Gutscafés waren schon weit in die Niederungen um den Kummerower See vorgedrungen. Einmal da, versteht man, warum die Berliner Familie Sösemann sich Hals über Kopf in diesen Ort

Auf der Rückseite des Guts Pohnstorf erwarten Besucher herzliche Gastfreundschaft und ein zauberhafter Garten.

verliebte und ohne vorherige Gutshauspläne von der Hauptstadt in die Einsamkeit der Mecklenburgischen Schweiz auswanderte.

Hin & weg: Parkplätze gibt es an der Fähre. Nach Verchen gelangt man mit dem Bus von Demmin.

Beste Zeit: Frühling bis Herbst, am schönsten im Frühsommer, wenn das Niedermoor blüht und die Korn- und Mohnblumen zwischen dem jungen Getreide auf den Feldern stehen.

Dauer & Strecke: Ein ganzer Tag oder besser ein ganzes Wochenende, etwa 50 km.

Ausrüstung: E-Bike, Fernglas, Badesachen (www.ebike-mv.de).

Wenn es Nacht wird: Das Gut Pohnstorf ist ein schöner Ort mit einem weitläufigen parkähnlichen Garten, auf einer Anhöhe gelegen, mit Blick nach Westen, regelrecht feudal und mit zauberhaften Gastgebern. Von hier aus kann man auch mit Tourenrädern, Rennrädern oder Mountainbikes tolle Ausflüge unternehmen (www.gut-pohnstorf.de).

Denn das Gutshaus ist eines der schönsten unter seinen 1000 Brüdern und Schwestern der Mecklenburgischen Seenplatte. Man kann darin wohnen, Urlaub machen, Seminare abhalten, heiraten oder konferieren. Gleich nebenan werden im Gutscafé französische Leckereien verkauft, die man sich definitiv nicht entgehen lassen darf.

Oberhalb des Dorfes lädt der kleine Soll, ein aus der letzten Eiszeit übrig gebliebener Minisee, zu einem erfrischenden Bad, bevor es über Dargun mit seiner beeindruckenden Klosterruine zurück nach Verchen geht.

FAZIT: ABWECHSLUNGSREICHE TOUR DER SUPERLATIVE – KULINARISCH, LANDSCHAFTLICH UND SPORTLICH.

GLÜCKS-MOMENTE

... in Brandenburg

#5

Kraniche sind die Vögel des Glücks, so heißt es. Es bleibt unklar, ob sie das Glück bringen oder schon allein durch ihre Anwesenheit glücklich machen. Letzteres könnte man denken, wenn man sich auf eine Kranichtour begibt. Der Herbstzug der Kraniche ist im brandenburgischen Linum ein absolutes Highlight.

#Naturschauspiel #Freudentanz #VögeldesGlücks

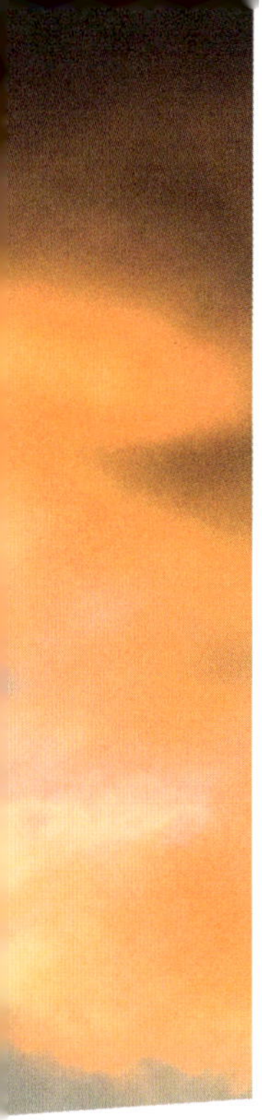

Tagsüber fressen die Kraniche sich auf den Feldern satt. Viele Bauern lassen extra einen Teil der Ernte liegen.

Jedes Jahr rasten hier von Mitte September bis Mitte November Zehntausende Grus Grus auf ihrem Weg nach Süden. Damit gehört Linum zu einem der größten Kranich-Rastplätze Europas. Die imposanten Tiere gehören mit bis zu 1,30 Metern Körperlänge und einer Spannweite bis zu 2,45 Metern zu den größten Vögeln überhaupt. Vielleicht ist es diese Größe und die edle Körperhaltung, die unsere Vorfahren dazu brachte, den Vögeln Weisheit und besondere Fähigkeiten anzudichten.

Der NABU Berlin hat in Linum die Storchenschmiede eingerichtet, ein Zentrum, in dem man sich u. a. über Kraniche informieren und eine Führung bekommen kann. Direkt hinter dem Zentrum liegt ein Ökogarten, in dem Gemüse angebaut wird, das im angegliederten kleinen Laden verkauft wird. Dahinter befinden sich die Linumer Teiche, in denen die Kraniche ihr Nachtlager aufschlagen, denn dort können Fressfeinde wie der Fuchs sie nicht erreichen.

Man kann hier auch einfach auf eigene Faust losziehen, der Weg ist ganz leicht zu finden. Eine Führung ist allerdings empfehlenswert, weil die Guides viel Wissenswertes rund um die riesigen Tiere erzählen und zeigen, wie man sich verhalten sollte, um die Tiere nicht zu stören.

Wirklich nah heran darf man nicht, zur Kranichsaison ist das Gebiet weitläufig abgesperrt, denn die Vögel reagieren sehr empfindlich auf Störungen und kommen nicht wieder, wenn sie einmal einen Rastplatz als zu gefährlich empfunden haben. Es reicht aber auch schon, auf den Wiesen zu stehen und das gurgelnde, laute Trompeten näherkommen zu hören, bis Tausende der majestätischen Tiere über den Köpfen der Zuschauer hinwegfliegen. Je näher sich die Sonne zur Erde senkt, umso mehr Vögel tauchen auf, die nun von den abgeernteten Feldern zurückkehren, an denen sie sich tagsüber satt gefressen haben. Der zigtausendfache Hall der Kranichrufe ist sicherlich eines der beeindruckensten Naturschauspiele in der Region. Durch die über einen Meter lange Luftröhre haben Kraniche nicht nur eine imposante Lautstärke, sondern auch ein breites Spektrum an verschiedenen Rufen und Lauten. Beim Landen sehen die Tiere weniger majestätisch aus: Wenn die langen Beine zum Landeanflug ausgefahren werden, hat das etwas Ulkiges an sich. Am Boden rufen die Tiere weiter und scheinen weitere Ankömmlinge zu begrüßen.

Aber was machen die beiden dort drüben bloß Seltsames? »Sie tanzen«, sagt der Guide. »Ein Balz-Tanz?« »Nein, jetzt balzen die nicht. Sie tanzen einfach. Aus Freude, nehme ich an.« Und wer einmal den Freudentanz der Kraniche er-

Bei den Teichen fühlen sich die Kraniche in Linum wohl.

lebt hat, wird jedes Jahr wiederkommen, nach Linum, wo die Kraniche rasten und die Menschen auf seltsame Weise glücklich machen.

WER SCHON EINMAL DIE »TROMPETEN« DER KRANICHE GEHÖRT HAT, WEIß: DAS IST GLÜCKSGEFÜHL PUR.

Hin & weg: Am einfachsten mit dem Auto nach Linum, von der A 24 Ausfahrt Kremmen nehmen. Alternativ mit der Bahn bis Kremmen und die verbleibenden 10 km mit dem Fahrrad überbrücken.

Beste Zeit: Mitte Oktober, dann ist die Hochsaison für die Kraniche. Die Tiere fliegen meist ab 18 Uhr bis in die Dunkelheit ein.

Dauer: 3 bis 4 Std. vor Ort.

Ausrüstung: Wetterfeste, dunkle Kleidung. Die Storchenschmiede beherbergt ein Café für den kleinen Hunger, Proviant ist daher nicht nötig. Für Fotos benötigt man eine etwas professionellere Ausrüstung mit lichtstarkem Objektiv.

Wenn es Nacht wird: Direkt in Linum z.B. Landpension Adebar (landpension-adebar.de) oder in der Storchenklause Linum.

KLEINE LANDPARTIE

... in der Uckermark

#6

Der Havelradweg ist weitgehend ein reiner Radweg mit festem Untergrund, das Radeln ist daher sehr entspannt und auch für Ungeübte angenehm. Wenn auf der Strecke auch noch so ein schöner Vierseitenhof liegt wie Das Blaue Pferd in Zehdenick, steht dem perfekten Wasser-Wald-Landleben-Wochenendausflug nichts mehr im Weg.

#Landleben #Fahrradtour #amWasser

Blick auf das Havelschloss und den schönen Schlossgarten in Zehdenick.

Der Havelradweg führt auf insgesamt stolzen 371 Kilometern von der Quelle der Havel in Ankershagen durch Mecklenburg-Vorpommern, Berlin, Brandenburg und Sachsen-Anhalt zur Mündung in die Elbe bei Gnevsdorf. Auf der knapp 60 Kilometer langen Etappe von Zehdenick nach Oranienburg kann man für ein Wochenende abtauchen in diese malerische Fluss- und Seenlandschaft.

Los geht's am Bahnhof Zehdenick in die Eisenbahnstraße gegenüber. Am Ende der Straße rechts auf die Bahnhofstraße abbiegen, nach etwa 500 Metern links in die Fischerstraße. Werden noch Lebensmittel für das Abendessen benötigt: Ein Stück weiter geradeaus ist ein Supermarkt. Auf der Fischerstraße gelangt man zur Schleuse, die einen kurzen Stopp wert ist.

Kurz hinter der Schleuse befindet sich die Einfahrt zum Havelschloss Zehdenick mit dem schönen Schlosspark. Wer abends nicht selbst kochen möchte, kann sich hier einen Tisch reservieren (www.schlosszehdenick.de). Weiter vom Schloss in die Schmelzstraße bis zur Dammhaststraße fahren, links einbiegen und nach 400 Metern auf die Liebenwalder Stra-

ße rechts abbiegen. Nach 300 Metern zweigt schräg gegenüber die Ackerstraße ab. Immer schön die Hauptstraße entlang geht's nun zum Blauen Pferd. Die Künstlerin Elisophie Eulenburg hat den typischen Vierseitenhof gemütlich gestaltet: Nur wenig wurde ersetzt, vieles restauriert oder rückgebaut. Die urigen Holzdielen sind ebenso erhalten wie einige alte Öfen – hier wird noch mit Holz geheizt.

Am zweiten Tag geht's auf dem Havelradweg nach Norden zum Ziegeleipark Mildenberg und zur Mühle Tornow. Zehdenick war Anfang des 20. Jahrhunderts der größte Ziegeleistandort Europas. Die Mauerziegel brauchte man dringend für den Ausbau Berlins.

Der Havelradweg führt durch die Tonstichlandschaft und ist leicht zu finden: Vom Hof zur Bahnhofstraße zurückfahren, dort geradeaus den Klausdamm bis zu den Gleisen nehmen und rechts auf den Havelradweg/Radweg Berlin-Kopenhagen abbiegen. Nach sechs Kilometern ist man am Ziegeleipark (www.ziegeleipark.de). Mittags kann man in der Mühle Tornow etwa fünf Kilometer weiter nördlich einkehren, sie ist eine der wenigen gut erhaltenen Wassermühlen (www.muehle-tornow.de).

Am dritten Tag geht es ab dem Vosskanal auf einem der schönsten Streckenabschnitte des Havelradweges zurück Richtung Berlin. Unterwegs kann man Vögeln lauschen, Libellen beobachten, Kraniche trompeten hören.

Am Bischofswerder Damm weiter der Havelweg-Beschilderung folgen, auch wenn sie von

Der Vierseithof Das Blaue Pferd beherbergt heute Künstler und Wochenendgäste.

der Havel wegzuführen scheint. Auf Hungrige wartet in Liebenwalde an der Marina ein leckeres Fischbrötchen. Frisch gestärkt geht's danach ein Stück an der Berliner Straße entlang und nach etwa drei Kilometern über den Kanal, anschließend scharf rechts in den Wald. Bis zum Grabowsee zehn Kilometer immer geradeaus fahren, riesige Buchen und Eichen flankieren die Route.

Am Grabowsee führt der Radweg weiter zum Lehnitzsee, der ganz in der Nähe des Oranienburger Bahnhofs liegt, von dem regelmäßig S-Bahnen zurück nach Berlin fahren. So kann man am See noch eine verdiente Pause einlegen und eine Runde schwimmen gehen.

FAZIT: EIN FAHRRADWOCHENENDE MIT ZAUBERHAFTER HOFUNTERKUNFT.

Hin & weg: Mit dem RE in etwas über einer Stunde von Berlin-Hauptbahnhof nach Zehdenick, in Löwenberg umsteigen. Zurück mit der S-Bahn von Oranienburg zum Beispiel direkt zum S-Bahnhof Friedrichstraße in einer Dreiviertelstunde.

Beste Zeit: Frühsommer, Sommer und Herbst - schönes Wetter ist von Vorteil.

Dauer & Strecke: 2 Nächte, 3 Tage. Insgesamt ca. 57 km Radfahren.

Ausrüstung: Fahrrad, Proviant, Sonnencreme und Mückenschutz. Bargeld, da das Zahlen mit Karte nicht immer möglich ist.

Wenn es Nacht wird: Eines der zehn Betten im Blauen Pferd (www.das-blaue-pferd.de). Die günstigen Zimmer werden nur für zwei Nächte vermietet - aber es wäre ja auch zu schade, hier nur eine einzige Nacht zu verbringen.

DAMALS BEI UNS DAHEIM

... in der Feldberger Seenlandschaft

#7

Mit der Formung der Feldberger Seenlandschaft hat sich die letzte Eiszeit besonders viel Mühe gegeben. Diese herrliche Natur inspirierte auch den Schriftsteller Hans Fallada. Auf seinen Wegen lässt es sich wunderbar durch diese Rückzugsoase wandeln.

#kleinerMannwasnun #Ziegenmilcheis #Naturfreibad #Schafseinistschön

Während die Schafe auf den Hullerbuscher Weiden grasen, kann man sich in Falladas ehemaligem Wohnsitz auf die Spuren des berühmten Dichters begeben.

Liebevoll erzählt Hans Fallada in seinem Kinderbuch »Fridolin, der freche Dachs« vom abenteuerlichen Leben des Raubtierjungen, der mit seiner Familie am Hullerbusch aufwächst, genau wie Lore, Falladas Tochter, für die er das Buch einst schrieb. Heute kann man auf dem Fridolin-Wanderweg die schöne Endmoränenlandschaft durchstreifen, die den Schriftsteller und seine Kinder mit ihren klaren Seen, den unberührten Wäldern und ihrer reichen Tier- und Pflanzenwelt verzauberte.

Die Wanderung startet in Carwitz. Durch den Ortskern des alten Fischerdorfes geht es zum Schmalen Luzin, einem der schönsten Seen der gesamten Seenplatte. Entlang der steilen Uferhänge führt der Weg zur Luzinfähre, einer der letzten handbetriebenen Seilfähren Europas. Dieser Flecken ist so schön, dass man

Im Sommer findet in Feldberg die Konzertreihe »Steg in Flammen« statt: musikalische Hochkultur auf der schwimmenden Bühne.

am liebsten den ganzen Tag hierbleiben und der Dorfjugend bei gewagten Sprüngen von einer alten sich dem Wasser zuneigenden Buche zusehen möchte.

Nach Überquerung des Sees geht es an einem begehbaren Moor vorbei, durch einen jahrhundertealten Buchenwald auf den aussichtsreichen Hügelrücken des Hullerbusch. Hier weiden auf den ausgedehnten kargen Wiesen Schafe, die mit ihren schwarz-weiß gefleckten Fellen aussehen wie die liegen gebliebenen Findlinge der letzten Eiszeit. Sie gehören zur Herde der jungen Schäferin Josephine Hermühlen, die gemeinsam mit ihrem Bruder die Schäferei Hullerbusch betreibt. Im Hofladen gibt es viele handgefertigte Produkte, Ziegenkäse, Lammfleisch und Honig. Der müde Wanderer findet Stärkung bei Kaffee und Kuchen, Ziegenmilcheis oder einer leckeren Lammsoljanka. Über den Hauptmannsberg gelangt man zu einer Aussicht über den Zansen, die Hans Fallada besonders mochte. Danach geht es wieder nach Carwitz.

Wie damals, als der von den Nationalsozialisten ungeliebte Hans Fallada sich nach Carwitz ins innerdeutsche Exil zurückzog, ist dieser Ort noch immer ein Rückzugsort in der modernen Welt. Fallada erlebte hier seine besten Jahre. Wie die Protagonisten seiner Bücher erlebte er kleines Glück und großes Leid. Auf der Halbinsel Bohnenwerder im Carwitzer See gibt es eine herrliche versteckte Badestelle. Am besten einplanen, am nächsten Tag noch einmal hierherzukommen.

Tipp: Ein Abstecher zum Hans-Fallada-Museum lohnt sehr. Von Mai bis September finden hier einmal wöchentlich Lesungen aus Falladas Büchern statt (www.fallada.de).

FAZIT: EINE OASE IN DER MODERNEN WELT.

Hin & weg: Anreise nach Feldberg mit dem Bus von Neustrelitz oder mit dem eigenen Auto.

Beste Zeit: Mai bis September, denn in diesen Monaten ist die Fähre über den Schmalen Luzin im Dienst.

Dauer & Strecke: Ein ganzer Tag, 11 km zu Fuß.

Ausrüstung: Badesachen, Handtuch, Fallada-Kinderbuch »Fridolin, der freche Dachs«.

Wenn es Nacht wird: Ein sehr schöner Zeltplatz befindet sich direkt in Carwitz (www.campingplatz-carwitz.de).

→ IM NORDEN …

EINE EMPFIND-SAME REISE

… im Biosphärenreservat Schaalsee

#8

Der Schaalsee, das sind eigentlich neun miteinander verbundene Seen, sehr tief und von außergewöhnlich guter Wasserqualität. Ihre Ufer liegen in zwei Bundesländern, werden eingerahmt von zwei Naturschutzgebieten und haben verschiedene wunderbare Gemeinsamkeiten. Die erfährt man am besten mit dem Rad.

#Biosphärenreservat #Buchten #Boote #Badestellen

Ursprünglich und unverfälscht: Die Faszination des Schaalsees liegt im vermeintlich Unspektakulären.
Rechts: Das Biosphärenreservat besteht zu 88 Prozent aus Wiesen, Feldern und Wald.

Läge Friedrich Gottlieb Klopstock nicht in Ottensen begraben, hier wäre es ihm sicher noch lieber gewesen: direkt am Damm zur Stintenburginsel, die der große Dichter der Empfindsamkeit in einer Ode als »Insel der froheren Einsamkeit« verewigte. Der treffenden Formulierung ist an einem sanften Mai-Abend nicht viel hinzuzufügen. Am besten lässt man das Rad am Parkplatz auf dem »Festland« stehen; gleich beim Trampelpfad zur Klopstock-Eiche. Von hier führt eine kopfsteingepflasterte Allee zum Brückenhaus. Das gleichnamige wunderschöne Restaurant befindet sich laut Aushang noch in der Winterpause. Dabei tanzen die Mücken bereits den Sommertanz. Das Schilf steht hoch, der See ist ein stiller dunkelblauer Spiegel, Pferde grasen auf einer hügeligen Streuobstwiese – und wenn sie wie auf ein geheimes Kommando die Köpfe heben und nach kurzem Innehalten in leichtem Trab über die Hügel verschwinden, ist einem, als hätten die Gebrüder Löwenherz nach ihnen gerufen. Willkommen am Schaalsee, dem zweittiefsten See des Landes, unerhört sauber, unfassbar schön, unverschämt wild, UNESCO-Biosphärenreservat und in den Jahren der deutsch-deutschen Teilung von der Grenze zerschnitten wie ein oller Putzlappen. Doch vielleicht ist ja gerade deshalb die Landschaft bis heute so ursprünglich und weitgehend unverbaut. Während anderorts Protzvillen ganze Seeufer der Allgemeinheit entziehen, lösen am Schaalsee einfache Bootshäuschen entzücktes Mitfreuen aus. Wanderer und Radfahrer müssen beinahe nur dort Bögen schlagen, wo Pflanzen und Tiere besonderen Schutz genießen. Und das macht man ja nur allzu gern. Wer von Ratzeburg über Salem nach Dargow an den

Schaalsee geradelt ist, und dann im Uhrzeigersinn immer dicht am Ufer entlang nach Lassahn, hat ohnehin schon unzählige Male wunderbaren Seeblick genossen. Besonders schön ist die Aussicht vom Seeblickpavillon in Lassahn. Hier bietet sich - nach etwa 30 Kilometern und knapp der Hälfte der Strecke - auch eine Übernachtung an. Dass die Speisekarte viel Regionales in Bio-Qualität und Fair-Trade-Produkte aufweist, ist überhaupt nichts Ungewöhnliches am Schaalsee. Die Gegend sieht zwar so aus, als wäre sie aus der Zeit gefallen. Aber in Wahrheit geht der Schaalsee mit gutem Beispiel voran. Wer sich für die Visionen und Anstrengungen im Biosphärenreservat interessiert, legt am zweiten Tag einen ersten Stopp im Infozentrum Paahlhus in Zarrentin ein. Und dann folgen wie am Tag zuvor idyllische Buchten, zauberhaft altmodische Badeanstalten mit Sandstrand, verträumte Bootsstege, schnuckelige Hofcafés und Gartenlokale, bis es von Dargow aus wieder nach Ratzeburg geht.

FAZIT: ZWEI ENTSPANNTE TAGE IM NATURPARADIES. JE GEMÄCHLICHER MAN ES ANGEHEN LÄSST, DESTO INTENSIVER IST DAS FREIHEITSGEFÜHL.

Hin & weg: Vom nächstgelegenen Bahnhof in Ratzeburg ist der Schaalsee nach 11 km bei Dargow erreicht.

Beste Zeit: April–November.

Dauer & Strecke: 2 Tage, ca. 65 km; davon ca. 45 km um den See herum.

Ausrüstung: Räder, Satteltaschen.

Wenn es Nacht wird: Landhausstil, Jagdstube, DDR-Zimmer - jedes der neun Gästezimmer im Seeblick Lassahn steht unter einem anderen Motto (www.seeblick-lassahn.de). Aber das Beste ist die Lage hoch über dem Schaalsee.

VON DER KUNST DES SPAZIERENS

… auf Fehmarn

#9

Viele Künstler haben eine enge Verbindung zur Natur. So auch Ernst Ludwig Kirchner, der vor hundert Jahren seine Sommer auf der Insel Fehmarn verbrachte. Eine kleine Ausstellung in der Stadtbücherei von Burg bereitet bestens auf einen Kunstspaziergang im Osten der Insel vor, der dem Maler gewidmet ist.

#KunstSpaziergang #mansiehtnurmitdemHerzengut

Die Ostküstenpromenade bei Staberhuk wirkt aus manchem Blickwinkel, als hätte sie ein Kind modelliert.

In einigen Ländern gilt der Spaziergang als Zeitverschwendung. In anderen quasi als Kulturgut. In Deutschland begann das Bürgertum erst im 18. Jahrhundert, die Natur zu genießen und wirklich wahrzunehmen. Allen voran Künstler. Ein schönes Beispiel für die Verbindung von Kunst und Natur ist der Ernst-Ludwig-Kirchner-Weg auf Fehmarn.

Kirchner, einer der wichtigsten deutschen Expressionisten, nannte die Insel »ein irdisches Paradies, mit ... wundervoller Küstenbildung, manchmal von Südseereichtum«. Wer sich an einem eiskalten Wintertag aufmacht, auf seinen Spuren zu wandeln, mag den Südseeaspekt zunächst nicht so recht auszumachen.

Dreieinhalb Kilometerer schlängelt sich der Ernst-Ludwig-Kirchner-Weg als zumeist schmaler Pfad zwischen dem Leuchtturm Staberhuk und Katharinenhof an der Abbruchkante einer kleinen Steilküste entlang. Ostküstenpromenade nennen die Insulaner diesen Abschnitt, auf dem der Wind kalt über die Felder pfeift und der Maler einige seiner bekanntesten Motive fand. Im Vergleich stellen sich seine Gemälde beinahe gegensätzlich zur Landschaft dar. Kräftig sind Kirchners Bilder, wo die Natur zurückhaltend ist. Dieser Kontrast erklärt einen Grundgedanken des Expressionismus. Nicht die Realität wird dargestellt, sondern ein Gefühl. Kirchner beschrieb das Kunstsehen so: »Sehen als Genuss, als Vermittler geistiger Dinge und Erkenntnisse«.

Lässt man sich darauf ein, Formen und Farben in erster Linie zu fühlen, findet man Kirchners Pinselführung auf einmal in allen Dingen. Man versteht seine Motivreduzierung. Man staunt über die Zartheit der eigentlich holzschnittar-

Im Winter treten Farben zurück und Formen in den Vordergrund.

tigen Interpretation. Doch auch ganz ohne Kunstinteresse ist der Ernst-Ludwig-Kirchner-Weg ein wunderbarer Spaziergang, auf dem man sich auf sich selbst besinnen kann. Denn im Grunde sind wir doch alle Expressionisten.

FAZIT: SCHÖNE SYMBIOSE VON KUNST UND NATUR. DER VORHERIGE BESUCH DER AUSSTELLUNG ERHÖHT DAS VERGNÜGEN.

Hin & weg: Einige Parkplätze gibt's an der Marinestation Staberhuk, schöner ist die Anreise per Rad.

Beste Zeit: Ganzjährig, aber nur im Winter allein. Ausstellung in der Stadtbücherei (Bahnhofstraße 47). Dort und auf www.kirchnervereinfehmarn.de ist für wenige Euro eine Karte erhältlich, die alle wichtigen Kirchner-Stationen auf der Insel verortet.

Dauer & Strecke: Spaziergang und Ausstellung je 1 Std. 7 km zu Fuß.

Ausrüstung: Im Sommer Badesachen.

Wenn es Nacht wird: Wer's richtig schön mag, übernachtet im Strandhotel Bene (www.bene-fehmarn.de). Wem schlicht genügt, fragt nach einem Appartement im 14. OG der Fernblickhäuser im ifa-Ferienzentrum (www.ifa-fehmarn-hotel.com). Der Ausblick ist irre!

IM SCHNECKEN-STYLE

… zwischen Eckernförde und Kiel

#10

Ein Zimmer für nur eine Nacht? In der Hochsaison? Und dann auch noch spontan? Womöglich sogar bezahlbar? Winken Hoteliers müde lächelnd ab, winkt man am besten freundlich zurück – und verabschiedet sich für eine zweitägige Wanderung auf den Dänischen Wohld: die eigene Unterkunft im Gepäck.

#Fernwandern #Camping #ganzspontaninsParadies

Corvus marinus – Meerrabe – lautet der lateinische Name des Kormoran.

Wenn alle Wetter-Apps einmütig ein strahlendes Hochsommerwochenende verkünden, werden die Autobahnen zu Staufallen und die Chance auf eine freie Besenkammer in Strandnähe ist verschwindend gering. Da klingelt man besser den Freundeskreis durch. Irgendeiner hat schon noch ein Zelt irgendwo rumfliegen, es muss ja nur ein kleines sein – umso größer das Abenteuer auf einem der längsten Fernwanderwege der Welt.

Der E1 verläuft vom Nordkap nach Sizilien. Die Etappe zwischen Eckernförde und Kiel hat mehrere Vorzüge, zum Beispiel dass Start- und Endpunkt an die Bahn angeschlossen sind. So braucht man am Bahnhof Eckernförde nur die Straßenseite zu wechseln, um dann das Meer bis Kiel nicht mehr zu verlassen.

Zwischen den Fördestädten liegt der Dänische Wohld, eine hügelige Landschaft mit schönen Stränden und beeindruckenden Steilküsten. Ausgeschildert ist der E1 mit dem Andreaskreuz, was kaum nötig wäre, denn er verläuft beinahe durchgehend an der Küste. Nur im Schellmarker Holz (nach etwa viereinhalb Kilometern) und bei der bewaldeten Düne von Noehr (nach knapp 13 Kilometern) schlingert der Weg minimal ins Land. Hier mischt sich Möwengeschrei mit Waldvogelgesang. Kurz darauf beginnt mit Jellenbek die Gemeinde Schwedeneck, ein Zusammenschluss meh-

rerer kleiner Küstenorte. Trotz traumhafter Landschaft geht es ruhiger zu als in anderen Regionen. Touristisch hat man sich ganz auf Camper eingeschossen. Zur Übernachtung bietet sich der Platz von Surendorf an, der nach 20 Kilometern erreicht ist. Hier ist der Sand fein und die Promenade mit Bistros und Läden gesäumt. Im Wassersportzentrum Nordwind können Surfbretter und Tretboote ausgeliehen werden. Oder man lockert die Gelenke bei einem zweistündigen SUP-Kurs. Wandern mit Rucksack und Zelt ist ja doch ein bisschen anstrengender als normales Spazieren. Umso besser schläft man danach. Gerade in einem Zelt, gleichermaßen drinnen wie draußen.

Am zweiten Tag kann die Strecke ganz flexibel an Lust und Laune angepasst werden. Schon nach 15 Kilometern gibt es in Strande die erste Möglichkeit, die Wanderung mit einer Fährfahrt zu beenden. Oder man läuft noch einige Kilometer weiter zum Anleger in Schilksee. Oder noch weiter zu dem am Falckensteiner Strand.

Hin & weg: Anreise mit der Bahn bis Eckernförde, zurück ab Kiel.

Beste Zeit: Hochsommer; insbesondere im August, wenn die Perseiden als Sternschnuppenregen auf die Ostsee fallen.

Dauer: 2 Tage. Mind. 35 km zu Fuß.

Ausrüstung: Wanderoutfit, Rucksack, Zelt, Isomatten, Schlafsack.

Wenn es Nacht wird: Ob zur maximalen Feriendichte eine vorherige Reservierung nötig wäre? »Ach, Quatsch«, sagt der freundliche Herr an der Anmeldung des Campingplatzes in Surendorf (www.campingplatz-surendorf.de). »Ein Zelt kriegen wir immer unter.«

Der Strand von Surendorf ist perfekt für eine Übernachtung im Zelt. Nur hier gibt es auf dem Dänischen Wohld eine Promenade mit Geschäften und Gastro.

Oder gleich ganz bis zum Hauptbahnhof von Kiel. Der ist nach 27 Kilometern erreicht. Idyllischer ist jedoch die 15-Kilometer-Variante. Sie lässt Zeit für das zauberhafte Dänisch-Nienhof sowie einen »Umweg« über Sprenge ins »Hinterland« mit seinen weiten Wiesen und Wäldern und typischen Knickwegen. Und last but not least die beeindruckende Steilküste von Stohl. Hier trifft die Förde auf die offene Ostsee. Man sieht es am zunehmenden Schiffsverkehr. Und etwa ab hier sind auch deutlich mehr Spaziergänger und Strandläufer unterwegs. Spätestens beim Bülker Leuchtturm wird es in der Saison drängelig. Und man wünscht sich ins beschauliche Schwedeneck zurück.

FAZIT: TOURISTISCH RUHIGER, LANDSCHAFTLICH WILDER – JE MEHR ZEIT MAN SICH AUF DER ZWEITÄGIGEN WANDERUNG ÜBER DEN DÄNISCHEN WOHLD LÄSST, DESTO BESSER. DIE TOUR KRIEGEN AUCH WANDERANFÄNGER HIN.

WIE WEIT IST DAS MEER?

… von Hamburg an die Nordsee

#11

Auch wenn Hansestädter es den Süddeutschen nie verraten würden, ahnen sie es insgeheim ja doch: Hamburg liegt gar nicht an der Nordsee. Sondern ein Mikroabenteuer entfernt. Wer's genau wissen will, macht sich auf eine zweitägige Radtour auf dem Elberadweg.

#zwischenHamburgundBrunsbüttel #große Freiheit #untenamFluss

Der Elberadweg ist ideal, um an einem Sonnabend in aller Ruhe die Satteltaschen zu packen und die nächste S-Bahn nach Wedel zu besteigen. Die Elbkilometer auf Hamburger Stadtgebiet überlässt man am Wochenende besser den Touristen. Zwischen Hafencity und Blankenese wird der Elberadweg seinem Ruf gerecht: Der meistbefahrene Radweg Deutschlands soll er sein. Kurz hinter Wedel kommen daran Zweifel auf. Selbst im Juli, am Wochenende und wenn das Wetter herrlich ist, scheinen in den Elbmarschen Schafe in der Überzahl zu sein. Regelmäßig zwingen Gatter zum Absteigen und Sichhindurchschlängeln. Eine Rennstrecke ist der Elberadweg im Bereich der Unterelbe nicht. Aber genau das ist ja das Gute. Versteckte Strände und Vogelschwärme, Naturschutzgebiete und Süßwasserwatten, Hofcafés und Fischbrötchenbuden – das will eben alles langsam erfahren werden. Die Ortschaften hinterm Deich sind eher zu erahnen als zu sehen. Abgesehen von Kollmar. Die kleine Gemeinde liegt direkt an der Elbe und wirkt wie ein überlaufenes Ostseebad aus einer anderen Zeit. Die Waffeln im Fährhaus Kollmar sind eine Erwähnung wert

---

Hin & weg: Von Hamburg mit der S-Bahn nach Wedel. Zurück von Brunsbüttel mit dem Bus nach Itzehoe (Achtung: E-Bikes werden nicht mitgenommen!), von dort weiter mit der Bahn.

Beste Zeit: Mai–September. Öffnungszeiten der Sperrwerke unter www.adfc-wedel.de

Dauer & Strecke: 2 Tage, knapp 70 km.

Ausrüstung: Rad, Badesachen, Zahnbürste & Co.

Wenn es Nacht wird: Im historischen Hotel Anno 1617 direkt am Marktplatz von Glückstadt erzählen die Zimmer von großen Persönlichkeiten der Stadt. Die Küche setzt auf Qualität und Zutaten aus der Nachbarschaft (www.anno1617.de).

Deichruhe, Hafenromantik, Strandvergnügen: Je langsamer man von Hamburg nach Brunsbüttel trudelt, desto schneller entspannt man auf dem Elberadweg.

und eine willkommene Stärkung für die letzten zehn von insgesamt 37 Kilometern nach Glückstadt. Pünktlich zum Sonnenuntergang sitzt man dann im Hafen und zählt seine Mückenstiche mit der Gelassenheit eines Buddha - oder derer, die sich körperlich ein wenig verausgabt haben. Ein historischer Segler sticht in See, fährt schon mal voraus nach Brunsbüttel. Auf den verbleibenden 31 Kilometern bis zur Mündung werden Fluss und Strände immer breiter. Die Chance, Robben zu sehen, steigt. Die Leuchtturmdichte nimmt zu. Der Wind schmeckt nach Salz. Und wenn der meistbefahrene Radweg Deutschlands auf den meistbefahrenen Kanal der Welt trifft, wissen Radfahrer nicht nur, wie weit es von Hamburg ans Meer ist: Sie werden die Nordsee auch aus eigener Kraft erreicht haben. Ganz entspannt.

FAZIT: FAHR LOS, WENN DU AUS HAMBURG BIST. DER ELBERADWEG IST DAS MEKKA DER LOKALPATRIOTEN UND SELBST FÜR UNGEÜBTE RADFAHRER LOCKER ZU ERLEDIGEN.

STERNE ZÄHLEN

… auf Föhr

#12

Romantiker, gehst du nach Wyk, Utersum oder Nieblum? Gleich dreifach ist die Chance, ganz gemütlich eine Nacht mit Meeresrauschen zu verbringen – nämlich in einem Schlafstrandkorb auf der schönen Insel Föhr.

Ein Schlafzimmer direkt am Strand? Im Schlafstrandkorb kann man die Nacht gemütlich am Meer verbringen.

Schauen Sie genau hin: Dieser »Korb« ist nämlich nicht wie die anderen um ihn herum. Es sieht fast so aus, als hätte jemand einen übergroßen Schlitten auf Kufen an den Strand gezaubert. Einen Schlitten mit Verdeck und einem gewissen Komfort. Oder ist es ein Ufo, das auf der Insel gelandet ist und sich unter die bunten Strandkörbe gemischt hat? Das Verdeck lässt sich öffnen. Alles, was man dazu braucht, ist der richtige Schlüssel. Sesam öffne dich, der »Deckel« lässt sich mit einem Griff nach oben klappen. Darunter steckt ein geräumiger, länglicher Strandkorb – zum darin Sitzen, Liegen, Reden, Sinnieren, Philosophieren, Nächtigen. Allein. Zu zweit. Aber Vorsicht, das kann ziemlich romantisch werden! Im Korb am Strand, das Meer zu Füßen, die Dünen im Rücken.

Bei Ebbe kann man ins Watt laufen, stundenlang. Emsigen Wattwürmern beim Formen von Sand-Spaghettis zuschauen. Muscheln sammeln. Im Schlick baden, oder bei Flut in der Nordsee. Hinter den Dünen duschen. Dem Soundtrack des Strands lauschen: das sind am Tag die Stimmen der Mütter, Kinder, Väter, Seevögel. Manchmal tutet ein Schiff in der Ferne. Nachts hört man nur noch das Fiepen, Zirpen, Kreischen, Rufen der Vögel vor dem leisen Plätschern der Wellen.

Der Mond geht auf. Bei klarem Himmel muss man stundenlang Sterne betrachten! Da, eine Sternschnuppe! Jetzt einzuschlafen wäre eine Sünde. Bei Wind oder Regen lässt sich das Verdeck schließen, und man kann durch die seitlichen runden Fenster sehen. Echtes Zelt-Feeling macht sich breit. Die Nacht ist kurz, wenn man morgens als Erster baden will.

Fragt sich nur noch: Welcher der drei Schlafstrandkörbe soll es sein? Sie sind alle gleich, stehen jedoch an unterschiedlichen Orten. In Nieblum zeigt sich die Nordsee von ihrer ruhigen Seite, ohne heimtückische Strömungen. Utersum hingegen bietet den besten Sonnenuntergang der Insel. Und Wyk? Dort ist am meisten los, das nächste Café nie weit ent-

---

Hin & weg: Mit der Fähre von Dagebüll nach Föhr. In Wyk bleiben oder per Rad nach Nieblum oder Utersum fahren.

Beste Zeit: Sommer

Dauer: 1 Nacht/2 Tage.

Ausrüstung: Rad mitbringen oder ausleihen (alle Vermieter unter www.foehr.de/fahrradverleihe). Das Gleiche gilt für Bettwäsche, Decke, Kissen.

Wenn es Nacht wird: Mehr über die Strandschlafkörbe unter www.foehr.de/schlafstrandkorb

---

Bei klarem Himmel die Sterne beobachten, bei Wind und Regen das Verdeck schließen: praktische Strandkörbe.

fernt. Doch auch vom Nieblumer Strand sind es nur zehn Minuten mit dem Rad bis ins Dorf. Schnuckelige Reetdachkaten in allen Straßen. Überhaupt ist Radfahren die wohl beste Fortbewegungsart auf der Insel. Und am Strand? Nur noch barfuß.

FAZIT: EIN ERLEBNIS DER KATEGORIE »BESTE NACHT DES LEBENS«. AM LIEBSTEN VERBRINGT MAN SIE HIER BEI WINDSTILLE UND KLAREM HIMMEL.

DLRG

ES MUSS NICHT IMMER SANDSTRAND SEIN

... in der Meldorfer Bucht

#13

Ein heißer Freitagnachmittag auf der A23. Ganz Hamburg quält sich im Stau nach St. Peter-Ording. Ganz Hamburg? Nein. Eine Handvoll Kurzurlauber lässt sich längst vom Rückenwind durch die Naturschutzgebiete des Speicherkoogs zu den Badestellen der Meldorfer Bucht treiben.

#Grünstrand #Deichkinder #Nordsee #Freiheit #Stille

Von 100 Befragten würden wohl 99 Sandstrände dem Deich vorziehen. Die Überzeugung kann in der Meldorfer Bucht schwer ins Wanken geraten. Denn da führt ein 1,5 Kilometer langer Damm auf die ehemalige Hallig Helmsand – mitten in die Nordsee hinein. Bei diesem Auftaktspaziergang haben schon viele ihr Herz verloren. Hals über Kopf. Von einer Sekunde auf die andere. So wie sich das für eine große Liebe gehört.

Und wie das eben so ist: Eine neue Liebe lässt einen Dinge tun, die man zuvor nie für möglich gehalten hätte. Da denkt man im kurzen, weichen Gras der Badestelle Elpersbüttel vielleicht zum ersten Mal in seinem Leben darüber nach, an einem Grünstrand zu baden. Gerade wenn es heiß ist. So heiß, dass niemand seinen Strandkorb nach der Sonne ausrichtet – dann schmiegt sich das Meer an die Bucht wie ein blaues Seidentuch mit silberweißen Tupfern. Nur das Tuckern eines weit entfernten Kutters ist zu hören. Und hin und wieder zufriedenes Blöken: Schafe leben frei am Grünstrand. Badegäste sind in abgetrennten Arealen untergebracht. Am Deich ist eben alles anders. Auch das Baden. Viele Menschen schwimmen ja gern im Meer, brauchen aber ewig, um sich zu überwinden. Am Sandstrand stehen sie Urzeiten im knöcheltiefen Wasser, bevor sie sich mit Mäuseschritten weiter wagen. Doch am Grünstrand heißt es beherzt eine Treppe hinabsteigen. Selbst von der letzten Stufe ist der Meeresboden nicht auszumachen, ist unergründlich. Der nächste Schritt ist Wattboden: weich, schlammig. Und nur weil das nicht ganz geheuer scheint, atmet man ein letztes Mal tief durch, bevor man sich fallen lässt.

Es folgt: ein Kälteschock. Zwei Schwimmzüge später ist das Leben um unendliche Optionen reicher. Allein in der Meldorfer Bucht wandert der Blick über 30 Kilometer Deichstille zwischen den Seebädern Friedrichskoog-Spitze und Büsum. Das sind jede Menge Grünstrände

---

Hin & weg: Züge von Hamburg über Itzehoe nach Meldorf im Stundentakt. Von dort etwa 12 km zum Speicherkoog.

Beste Zeit: Ganzjährig, zum Baden natürlich bei Hochsommerhitze.

Dauer: Ein Tag ist besser als nichts, ein Wochenende große Klasse.

Ausrüstung: Für jedes Wetter etwas (Nordsee eben).

Wenn es Nacht wird: Das eigene Zelt kann auf dem Campingplatz Strandvogt am Sommerdeich für einen Appel und ein Ei aufgestellt werden. Nicht-Camper schnappen sich ein Apartment in der platzeigenen Ferienanlage Achtern Diek (beides am Stinteck 4, 25704 Nordermeldorf).

Salzwiesen wogen wie gräserne Meere. Am Abend schlagen die Stunden der Vogelbeobachter im Speicherkoog.

mit Anbindung an den Nordseeküstenradweg, und das so nah an Hamburg. Eingeweihte müssen sich in der Hochsaison nicht mehr in den Stau zum Strand einreihen. Stattdessen wird gebadet. Und nach St. Peter-Ording geht's erst wieder, wenn die Sommerferien vorbei sind.

FAZIT: WIESEN STATT SAND, STILLE STATT TRUBEL, FISCHBRÖTCHEN STATT HUMMER. DIE MELDORFER BUCHT IST ETWAS FÜR ALLE, DIE LIEBER RAD ALS CABRIO FAHREN.

WATT'N DATE

… in Hooksiel am Wattenmeer

#14

Wenn sich das Wasser zurückgezogen hat, beginnt die schönste Zeit im Watt. Nun wird der Boden zur Wellnesspackung für Gesicht und Körper. Eine Schlickmaske direkt vor Ort. Dann heißt es entspannen, Augen und Ohren auf und einfach nur lauschen.

#WellnessimWatt #Jadebusen #Friesland #Wattknistern

Direkt an das Watt grenzt die Wiese mit der Strandsauna an. Sie befindet sich in einem Bauwagen – was für eine originelle Idee!

Der Tidekalender prophezeit es auf die Minute: Der Stand der stärksten Ebbe, auch »Niedrigwasser« genannt, lässt sich in Apps oder auf Websites ablesen. Dieses Niedrigwasser bleibt heute der einzige Termin im Kalender, denn es geht nach Hooksiel. Am Naturstrand lässt sich das Watt mit allen Sinnen erfahren. Über die stillen Wiesen führt der Weg ans Watt, vorbei an der Strandsauna, einem kleinen Bauwagen mitten im Nichts der

Schwarz und schlickig:
Diese besondere Schönheitsmaske gibt es nur an der Nordsee – und das ganz gratis.

Nordseewiesen. Zwischen Skiterrassen und dem Jadebusen hat sich eine kleine Bauwagensauna angesiedelt, die ihren Gästen so richtig einheizt. Das ist gerade im Winter nach dem Wattspaß vielleicht eine gute Idee zum Aufwärmen. Doch zunächst geht es zum Watt.

In Hooksiel zeigt sich der Meeresboden, wie man ihn sich vorstellt: Wellenförmige Muster haben sich in den Grund gearbeitet. Vielleicht liegt es an dem Schlick, der sich hier abgelagert hat, weil er von der Jade mitgespült wird. Kleine Pfützen haben sich gebildet, Krebse und Krabben schwimmen dort, manchmal auch eine Muschel. Es lohnt sich, ganz genau hinzusehen, auf die Feinheiten zu achten. Wer mit offenen Augen durchs Watt spaziert und länger als nötig auf eine Stelle blickt, der entdeckt plötzlich Bewegung und Leben im auf den ersten Blick so tot wirkenden Schlick.

Das Watt steckt nicht nur für die Tiere voller Leben, es ist auch für Menschen sehr gesund. Natürlich nicht innerlich zum Essen, aber nicht umsonst bieten viele Nordseebäder Schlickpackungen an. Kalzium, Kalium, Phosphor und natürlich Jod enthält die Erde der Nordsee und eignet sich damit perfekt für Menschen mit Erkrankungen des Bewegungsapparats und der Haut. Also am besten matschen wie die Kinder, Rücken im Watt aalen, Gesicht mit Schönheitsmaske versehen oder wenigstens die Füße. Schlick fördert die Durchblutung, mildert Juckreiz und versorgt die Haut mit Mineralien. Die Naturmaske zehn Minuten einwirken lassen und dann abspülen. Nur wo? Die Füße lassen sich in den Wattpfützen säubern. Wer es gründlicher möchte, der wandert zum nahen bewachten Strand, dort gibt es Duschen.

FAZIT: NICHTS WIE AB INS WATT!

Hin & weg: Mit dem Auto nach Hooksiel, Parkplatz an der Bäderstraße. Mit dem Bus geht es bis zum ZOB in Hooksiel, von dort sind es 5,5 km per Rad oder zu Fuß.

Beste Zeit: Bei Niedrigwasser, im Spätsommer.

Dauer: 1–2 Std. für die Schlammpackung, ein Wochenende für noch mehr Erholung.

Ausrüstung: Handtuch, Seife, Badeanzug, Getränke.

Wenn es Nacht wird: Hooksiel liegt ganz in der Nähe von Schillig, dort kann man in einem Zirkuswagen direkt am Strand übernachten. Mehr Informationen dazu unter www.wangerland.de

---

SALZ UNTER DEN SOHLEN

... auf Borkum

#15

Wenn die Regensaison beginnt, dann ist es ziemlich egal, aus welcher Richtung das Wasser kommt. Wie wäre es mit einem Thalassospaziergang auf Borkum? Ab an den Meeressaum, tief durchatmen und die Heilkraft des Wassers erfahren!

#Borkum #Thalasso #HeilkraftdesMeeres #Küstensaum #Regen

Borkums Strände bieten sich gerade im Herbst oder an einem milden Wintertag für einen Thalassospaziergang an.

Die Badesaison auf Borkum endet spätestens Mitte September. Dann verschwinden die Menschen in Badehosen und Bikinis. Mützen, Gummistiefel und Regenjacken haben nun Hochkonjunktur. Also Zeit, einen Gegentrend zu setzen. Bis zur ersten Düne wird gewandert, sobald der Strand in Sicht kommt, heißt es Hose hochkrempeln, Schuhe und Socken ausziehen und Salzluft, Sand und Wind genießen. »Thalasso« nennt sich diese Therapie, in der Krankheiten und Beschwerden mittels Meerwasser gelindert werden. Das Meer ist manchmal der beste Arzt, das wussten schon die Griechen und erfanden die Thalassotherapie. Eine Mischung aus ausgedehnten Spaziergängen am Meer, Sonnenbaden, aber auch Schlick- und Algenpackungen gehören zum medizinischen Behandlungsplan. Vor allem bei Erschöpfung, Atemwegserkrankungen und Hautproblemen ist es ein

An manchen Stellen wirkt Borkum, die westlichste der sieben Ostfriesischen Inseln, wie eine Sandwüste.

guter Weg, um Fitness und Wohlbefinden zu steigern. Thalasso ist keine exklusive Therapieform der Wellnesszentren der Inseln. Die Zutaten für Thalasso liefert die Natur gratis. Das Geheimnis der Thalassotherapie begründet sich im Reizklima des Meeres. Der Wind und die sich brechenden Wellen zerstäuben das Meerwasser in feine Tröpfchen. Sie sind die Basis der Anwendungen. In diesen Tröpfchen, auch Aerosol genannt, verstecken sich eine Menge gesunder Minerale und Spurenelemente wie Natrium, Selen, Jod, Zink oder Kalium, die durch die Atmung in den Körper gelangen. Am intensivsten ist die Wirkung direkt am Brandungssaum.

Schon auf dem Weg dorthin zeigt sich die Heilkraft des Meeres. Der hart geregnete Sand gibt den Füßen eine Massage. Er ist gar nicht so kalt wie befürchtet, sondern eher wohltuend kühl. Jetzt heißt es einfach barfuß laufen, solange die Füße die Kälte aushalten, dann wieder in die Schuhe schlüpfen und weiter den Küstensaum entlanggehen. Es ist eine Landschaft, die ein wenig an eine Wüste erinnert, denn überall ist Sand. Vor den Füßen liegen Dünen im Embryonalstadium, Minihügel mit Strandhaferzotteln, hier wächst die Insel tatsächlich noch.

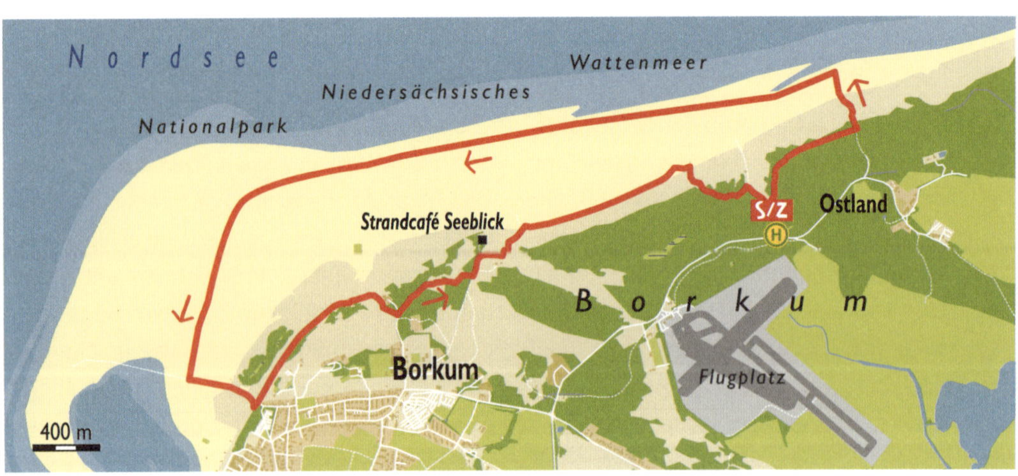

Wenn die Sommergäste schon abgereist sind und das Meer zum Schwimmen zu kalt ist, dann ist die beste Zeit, um barfuß am Wellensaum entlangzuwandern.

Immer wieder lockt das Meer. Erneut zieht man die Schuhe aus, krempelt die Hose hoch und geht in die Fluten. Das härtet gut für den kommenden Winter ab. Der beständige Wind, das raue Klima und die salzige Luft der Nordsee arbeiten mit dem Körper. Allergiker atmen auf Borkum sowieso auf, denn die Insel ist so gut wie pollenfrei, schließlich ist sie neben Helgoland die einzige deutsche Insel mit Hochseeklima. Das macht sich vor allem in sehr jodhaltiger Luft bemerkbar. Wichtig zu wissen: Die Thalassotherapie ist nicht für jeden geeignet, vor allem Menschen mit Schilddrüsenproblemen sollten vorher mit ihrem Arzt sprechen.

Tipp: Im Strandcafé Seeblick gibt es wunderbare Torten und Kuchen sowie Suppen. Es liegt in den Dünen und offenbart einen herrlichen Meerblick (www.strandcafe-seeblick.de).

FAZIT: DIE NATUR HAT MANCHMAL DIE BESTEN REZEPTE, VOR ALLEM AM MEER.

Hin & weg: Von Borkum aus fährt ein Bus bis zum Parkplatz Ostland, dann zu Fuß weiter, am Wasserwerk vorbei zum Strand.

Beste Zeit: Oktober.

Dauer & Strecke: Die reine Gehzeit zwischen Ostland und Borkums Stadtstrand beträgt etwa 3 Std., ca. 12 km. Auf der Strecke gibt es so viel zu sehen, und auch der ständige Zickzackkurs zum Meeressaum verlängert die Tour, sodass man auch gut einen halben Tag unterwegs sein kann.

Ausrüstung: Handtuch, Wanderschuhe, Regenjacke, Thermoskanne mit Tee, Proviant.

Wenn es Nacht wird: Das Art Hotel Bakker (www.arthotel-bakker.de) liegt zentral, die Ausstattung ist modern, das Preis-Leistungs-Verhältnis stimmt.

INSELGLÜCK

… am Elsflether Sand

#16

Die Weser fließt gemächlich vorüber, auf dem Deich blöken flauschige Schafe um die Wette, und man selber liegt mittendrin am Strand, wohlig warm in der Sonne. So geht Urlaubsfeeling auf Norddeutsch, gekrönt von einer entspannten Fahrradtour und einem leckeren Melkhus-Stopp.

#wolligeAussichten #Strandtag #dieMilchmacht's #Määääh

Die Melkhüs sind eine norddeutsche Besonderheit. Quarkspeisen, Buttermilch, Eiscreme - hier gibt's gute Milchprodukte. Geöffnet sind Melkhüs von Mai bis September oder Oktober.

Ein schmaler Weg führt über den Deich, dahinter ein paar schlanke Bäume. Versteckt hinter hohem Gras, wartet dann das Paradies: ein weicher, feiner Sandstrand. Auf der Weserhalbinsel Elsflether Sand zwischen Hunte und Weser findet jeder sein Fleckchen norddeutsche Karibik. Schnell das Handtuch ausbreiten und ab in die Waagerechte. Wie gut sich der Sand an den nackten Füßen anfühlt. Ein paar Boote schippern vorbei. Wer sein Schlauchboot mithat, tut es ihnen gleich. Eine Luftmatratze geht natürlich auch.

Nach ein paar Schwimmeinheiten, Sonne-Auftanken und Im-Sand-Buddeln kommt sicher der Appetit auf. Da lohnt es sich, einen Abstecher zum nahe gelegenen Melkhus zu machen. Nebenan hört man die Kühe muhen, während man im Garten unter Schatten spendenden Bäumen himmlische Quarkspeisen und kühle Buttermilchshakes schlemmt.

Nicht nur kleine Urlauber freuen sich auf den nun folgenden tierischen Spaß. Während die Deichschafe nämlich schnell das Weite suchen, wenn man sie anfassen möchte, gehen die frechen Ziegen auf der Streichelwiese direkt auf Tuchfühlung. Am Automaten gibt es Ziegenfutter für ein paar Groschen.

An Tag zwei wird es Zeit für ein bisschen Sport. Entspannt natürlich. Bei der ausgeschilderten 34 Kilometer langen Fahrradtour Marsch und Moor geht es zuerst am Deich entlang. Kurz hinter dem Huntesperrwerk wird in maritimem Ambiente Kraft getankt: Im Bootshaus SWE Da Cosimo (www.bootshaus-swe.de) gibt es italienische Leckereien, aber

Das imposante, 120 Meter lange Huntesperrwerk wurde zwischen 1976 und 1979 erbaut, um das Elsflether Hinterland vor Sturmfluten zu schützen.

auch Frühstück (allerdings nur am Wochenende) und natürlich Eis.

Vorbei am Leuchtturm Liener Hörn geht es nun ins Landesinnere. Das flache Marschland ist von Landwirtschaft geprägt. Der Wind weht warm durchs Haar, dem Blick stellt sich nichts in den Weg, so macht Radfahren Laune. Im Örtchen Fuchsberg, quasi zur Halbzeit, gibt es im Melkhus (www.melkhus-fuchsberg.de) wieder was zu naschen. Im Sommer, kurz vor der Maisernte, wartet hier noch ein Familienspaß: das Maislabyrinth.

Weiter geht die Radtour durch die Gellener Torfmöörte, wo man durch Moorgrünland, Torfstiche und Moorheide fährt. Über den Dalsper Hellmer radelt man dann schnurstraks wieder in Richtung Deich und Elsfleth.

FAZIT: AM WESERSTRAND KANN MAN PRIMA FAULENZEN UND SCHAFE BEOBACHTEN.

Hin & weg: Mit der Regionalbahn ab Bremen Hbf bis Berne (für den Campingplatz) bzw. direkt bis Elsfleth. Der Elsflether Sand ist über das Huntesperrwerk (Öffnung für Radfahrer & Fußgänger zu jeder vollen Stunde für fünf Minuten) oder Berne-Ohrt erreichbar.

Dauer & Strecke: 2 Tage, Radtour 34 km.

Beste Zeit: Sommer.

Ausrüstung: Fahrrad (Leihrad über den Campingplatz möglich), Strandtuch, Badebekleidung, eventuell Zelt zum Übernachten.

Wenn es Nacht wird: Naturnah nächtigt man auf dem Campingplatz Juliusplate (www.juliusplate.de) direkt an der Weser. Entweder im eigenen Zelt oder etwas bequemer im Mietwohnwagen.

AB DURCH DIE MITTE

… in Niedersachsen

#17

Zwei Tage auf zwei Rädern bedeutet doppeltes Glück. Diese Radtour führt rund um Hoya an der Weser und vorbei an goldenen Feldern, historischen Mühlen und schmucken Bauernhöfen. Unterwegs laden Hofcafés zur Rast ein, genächtigt wird in einer Hütte am See. Alltagsgedanken ade.

#Radelglück #Mühlen #Wasserbüffel #Landliebe

Die Eystruper Mühle aus dem Jahr 1861, ein Galerieholländer, ist nach der Restaurierung voll funktionsfähig.

Von Eystrup aus weist ein etwa fünf Kilometer langer Zufahrtsweg auf den offiziellen Grafenring (blauer Ring). Schon diese wenigen Kilometer führen vorbei an schmucken Pferdehöfen, einem blühenden Getreidefeld und der Eystruper Mühle. In Gandesbergen aufgepasst, da ist er: Der rote Ring auf den Fahrradschildern weist nun den Weg. Zuerst geht es in Richtung Hämelsee, mitten durch das Waldgebiet Eystruper Bruch. Über eine Landstraße führt der Weg nach Hämelhausen. Hungrig? Dann ist hier der ideale Ort für ein Picknick.

Das nächste Dorf ist Hassel. Hier lohnt es sich, kurz vom Rad abzusteigen und die kleine Hasseler Kirche zu besichtigen. Noch mehr Kultur gibt es in Hoya zu sehen. Der Sage zufolge erbaute der Graf von Hoya hier auf einer Weserinsel seine Burg. Diese steht zwar nicht mehr, trotzdem kann man noch viel Geschichte dank der Fachwerkhäuser entdecken. Wer noch etwas Proviant benötigt, findet in Hoya gleich mehrere Supermärkte.

Nun geht es schnurstracks nach Eitzendorf, wo auf dem Campingplatz am Alveser See das Nachtlager wartet. Kurze Abkühlung gefällig? Gut, dass die Badehose im Gepäck ist. Für ein zünftiges Abendessen radelt man zum Gasthaus zur Post (www.gasthauszurposteitzendorf.eatbu.com). Wenn die Beine zu müde sind, bestellt man sich einfach eine Pizza bei Pizza Blitz in Hoya (Tel. 04251 6100).

Am nächsten Morgen führt der Weg zum Mittelpunkt Niedersachsens. Dieser befindet sich in der Feldmark nahe dem beschaulichen Hoyerhagen. Perfekt für einen Müsliriegel auf der zentralsten Bank Niedersachsens mit Blick auf die stattliche Flagge. Das nächste Highlight liegt nur wenige Kilometer entfernt: die dreigeschossige Windmühle Hoyerhagen aus dem Jahre 1866. Nun wird es abenteuerlich: Hinter Riethausen beginnt ein drei Kilometer langer unbefestigter Abschnitt, der zuerst durch einen Wald, dann über Schotter führt.

Wer nun aus der Puste ist, kann sich auf ein Stück Torte im Café Heimatliebe (www.okelmanns.de) freuen. Vorher sollte man aber Ausschau nach weidenden Wasserbüffeln halten, die zum Wasserbüffelhof Warpe gehören. Imposante Tiere!

Frisch gestärkt, folgt nun die letzte Etappe: Durch ein Wäldchen geht es nach Schweringen, wo ein weiteres Schmankerl wartet, die

Da staunt man nicht schlecht, wenn die elektromotorbetriebene Fähre sich langsam über die Weser schiebt. Die Geschichte der Fähre reicht bis ins 15. Jahrhundert zurück.

Weserfähre. Die Hochseilfähre wurde früher überwiegend von den Bauern benutzt, heutzutage bringt sie zwischen März und Oktober Radfahrer trocken über die Weser (Fährzeiten unter www.faehre.schweringen-news.de). Ein gebührender Abschied vom Grafenring! Über den gleichen Zubringerweg geht es kurz hinter Gandesbergen nun wieder nach Eystrup.

Hin & weg: Anreise ab Bremen Hbf mit der Regionalbahn bis Bahnhof Eystrup (Fahrradmitnahme im Zug möglich).

Dauer & Strecke: Zwei Tage, etwa 75–80 km.

Beste Zeit: Frühjahr bis Herbst.

Ausrüstung: Fahrrad, Badebekleidung, eventuell Zelt, Proviant für unterwegs.

Wenn es Nacht wird: Auf dem Campingplatz am Alveser See in Eitzendorf (www.campingplatz-weserradweg.de) kann man zelten oder in der urigen Campinghütte schlafen.

FAZIT: ABWECHSLUNGSREICHE RADTOUR VORBEI AN MÜHLEN, HÖFEN UND FELDERN. LANDIDYLLE PUR.

FLUSS-GEFLÜSTER

... auf der Ilmenau

#18

Wer im Kajak von Bienenbüttel nach Lüneburg paddelt, wird wunderbare Dinge sehen: stahlblaue Libellen, die überm Wasser tanzen; Flussnymphen – oder Weiden – mit langen grünen Haaren. Zwischendurch lässt man sich treiben, macht Rast und taucht in den Fluss.

#HerrderRinge #paddeln&schwimmen #gelbeSeerosen

Wer im Kajak alleine unterwegs ist und dabei auch noch fotografieren möchte, hat am Anfang alle Hände voll zu tun. Das Boot will gesteuert werden. Legt man das Paddel auf die Knie, um das Handy herauszukramen, biegt das Kajak sofort Richtung Uferböschung ab. Da lauern runterhängende Zweige, in denen man nicht stecken bleiben will. Nach einiger Zeit ist die richtige Balance aber gefunden. Paddeln und Fotografieren geht eben an manchen Stellen nicht gleichzeitig. Herrlich, den Fluss in Ruhe zu genießen.

Die Ilmenau fließt gemütlich, drei Kilometer in der Stunde, und ist daher auch für Anfänger gut geeignet. Eigentlich müsste man gar nicht paddeln und würde trotzdem irgendwann in Lüneburg ankommen. Aber es macht ja Spaß, und so startet man in Bienenbüttel voller Aktivität. Das Plätschern beim Eintauchen des Paddels gehört zu einem Tag auf dem Wasser dazu. Am Ufer wachsen Vergissmeinnicht und hier und da sogar gelbe Seerosen. Es duftet nach Minze und man weiß gar nicht, wo man zuerst hinschauen soll. Unter Wasser wachsen Algen, die aussehen wie üppiger Salat, dort drüben liegt ein Baumstamm im Fluss wie ein schlafendes Krokodil.

An einigen Stellen schlängelt sich die Ilmenau ganz schön, da heißt es in den Kurven kräftig durchziehen. Einige Supersportliche kommen flussaufwärts gepaddelt, zum Teambuilding. Familien paddeln lieber mit dem Strom. Ein bisschen fühlt man sich hier wie in »Herr der Ringe«. Die Ilmenau hat etwas Verwunschenes. Weiden neigen ihre Zweige melancholisch übers Wasser, an einigen Abschnitten steht am

Es ist gar nicht nötig, ununterbrochen zu paddeln. Die Ilmenau nimmt einen gerne auch so mit. Dafür hat man Zeit, die Feenwelt am Ufer zu bewundern.

Ufer Wald wie eine grüne Wand. Äste im Uferdickicht haben bizarre Formen. Mit Fantasie betrachtet sehen manche aus wie Drachen: mit Giftzahn im Maul. An einer kleinen Sandbank zieht man sein Kajak ans Ufer. Pause. Es ist zu verlockend, in der Ilmenau zu schwimmen. Flussaufwärts natürlich, sonst kommt man nicht so gut zurück. Schwirren dann noch Libellen umher, ist der Sommertag perfekt. Vor Lüneburg geht es durch die Ilmenauauen – hier lässt man sich endgültig nur noch treiben. Selten genug, dass das im Alltag passiert.

In Lüneburg, gegenüber der Ausstiegsstelle, liegt direkt am Fluss Schröders Garten (www.schroedersgarten.de). Im Biergarten mit Blick aufs Wasser kann man den Tag noch mal Revue passieren lassen.

FAZIT: PADDELN, TRÄUMEN, IM HOCHSOMMER SOGAR SCHWIMMEN. EINE FAMILIENFREUNDLICHE TOUR AUF DER ILMENAU.

Hin & weg: Mit Metronom oder Auto nach Bienenbüttel. Vom Bahnhof zur Einstiegsstelle (an der Brücke in der Niendorfer Straße) sind es ca. 10 Gehminuten, wie auch von der Ausstiegsstelle in Lüneburg zum Bahnhof. Von dort mit dem Metronom zurück nach Bienenbüttel.

Beste Zeit: Mai–September. An Pfingsten und Christi Himmelfahrt kann es auf dem Fluss recht voll sein.

Dauer & Strecke: 6 Std., 22 km (in 1 Std. paddelt man etwa 4 km – ohne Rast).

Ausrüstung: Kajaks und Kanus sowie Infos zu Ein- und Ausstiegsstellen: www.heide-kanu.de. Schwimmwesten und ein wasserfester Behälter für Wertsachen werden gestellt. Mitbringen: Turnschuhe (nie ohne Schuhe in den Fluss!), Proviant und genügend Getränke, Handtuch, Schwimmsachen, Sonnenschutz.

Wenn es Nacht wird: Fleißige Paddler haben sich eine Nacht im nostalgischen Flair des Bed and Breakfast Dartenne (www.dartenne.com) in der Lüneburger Altstadt mehr als verdient.

2. KAPITEL IM HERZEN

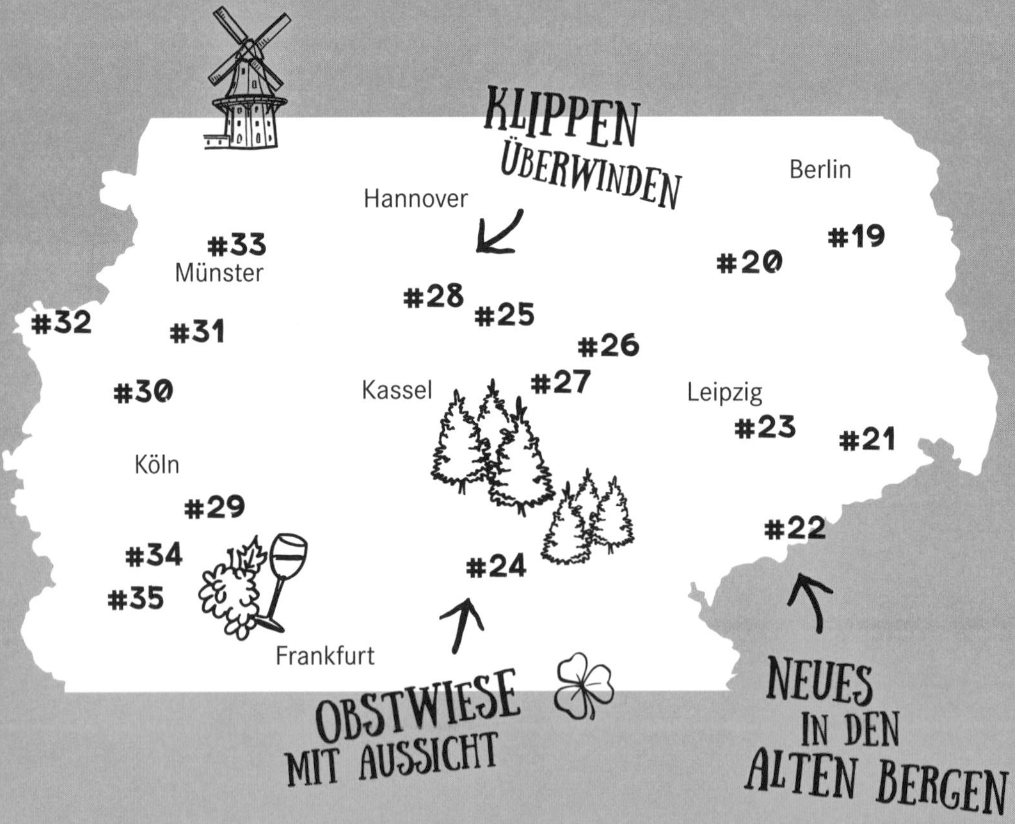

Akkus aufladen

Der Weg ist das Ziel – sei es mit dem Hausboot, Fahrrad oder zu Fuß von einer Bank zur nächsten. Spannende Orte und Gegenden warten nur darauf, entdeckt zu werden.

ZUR ALTEN DAHME

… zwischen Berlin und dem Spreewald

#19

Früher fuhr man aus Berlin am Wochenende über die alte Dahme in den Spreewald, das Gebiet der tausend Fließe. Heute kann man das Revier ganz entspannt mit dem Hausboot erkunden.

#Huckleberrygefühl #Minimalismus #Entspannungpur

Wie ein kleines Ferienhaus auf dem Wasser: ein Bunbo im Morgennebel auf der Dahme.

So eine Hausboottour hat Tiefenentspannungscharakter. Spätestens nach dem dritten Tag will eigentlich niemand mehr heim, also bloß nicht zu kurz buchen. Ein Bootsführerschein wird in Brandenburg nicht benötigt, wohl aber eine ausführliche Einweisung, schließlich gilt es, das bis zu elf Meter lange Gefährt sicher über die Gewässer zu navigieren. In Zernsdorf südlich von Königs Wusterhausen geht es los gen Osten, wo der längliche Krüpelsee in die Dahme mündet. Gemütlich und sparsam wird mit sechs Stundenkilometern geschippert, wer steuert, hat das Sagen, die Smutjes sind für Kaffee verantwortlich und sollten besser in der Schleuse auf die Anweisungen hören. In Sommerzeiten sind mancherorts Schleusen mit Personen besetzt, in der Nebensaison reicht meist die Videoüberwachung. Wer unsicher ist, schaut sich vorher noch mal die Filme auf dem bereitgestellten Tablet an, die alles ganz genau erklären.

Am ersten Tag kommt man nicht weit, und schnell wird ein schöner Ankerplatz gesucht. Nicht zu tief und nicht zu flach und irgendwo, wo der Sonnenuntergang genossen werden kann. Schon bald tauchen die ersten Fledermäuse auf und kreisen über den Köpfen, die sich bewundernd dem Sternenhimmel entgegenstrecken. Im Lagerfeuer rösten die Kar-

Es gibt viel zu entdecken in Brandenburgs Wasserlandschaften. Am Abend lockt das Lagerfeuer.

toffeln, und tatsächlich schwimmt doch ganz gemächlich auf dem Rücken ein Biber vorbei.

Am nächsten Morgen sind alle früh wach, der Nebel taucht die Welt in zarte Farben, und mit dem Kaffee in der Hand wird in die Stille gelauscht. Ein paar Wildgänse schnattern sich ihren Weg in den Süden, das Trompeten einiger Kraniche ist von Weitem zu hören.

Der Anker wird gelichtet, weiter geht's zum Dolgensee Richtung Prieros, wo verschiedene Routen möglich sind. Nach einem Tipp des Schleusenwärters geht's auf die alte Dahme, wo einst die Ausflugsschiffe Richtung Spreewald fuhren. Zu schön ist dieser schmale Flusslauf, dort kreuzt kein Mensch den Weg und man wähnt sich fast alleine. Seeadler kreisen am Himmel auf der Suche nach einem Leckerbissen, ein Aal schlängelt sich neben dem Boot entlang. Die Schleuse an der Hermsdorfer Mühle geht schon gut von der Hand.

Die Bücher versauern in den Taschen, denn die Welt rundherum ist viel zu entspannend. Wo kann man sonst schon stundenlang aufs glitzernde Wasser schauen und sich vom leisen Motorengeräusch einlullen lassen?

In Märkisch-Buchholz endet der Wasserweg. Auch die Spreewaldgäste mussten damals an dieser Stelle in die schmaleren Kähne umsteigen, weil der Fluss nicht mehr breit genug war. Zurück geht's auf dem gleichen Weg, die Nacht verbringt man gut auf dem Schmöldesee und entdeckt am nächsten Tag noch den Langen und den Wolziger See, bevor es tief seufzend zurück in den Heimathafen geht.

Schönster Anblick: In der Morgensonne leuchten die Nebelschwaden über dem Wasser.

FAZIT: INTO THE WILD MITTEN IM NATURNAHEN BRANDENBURG.

Hin & weg: Start und Ziel ist die BunBo-Verleihstation in der Undinestraße 1, 15712 Königs Wusterhausen, etwa 1 km vom Bahnhof Zernsdorf entfernt. Am Verleihtag für die Einführung früh da sein.

Beste Zeit: Jede Jahreszeit hat ihren Reiz. Wer Kraniche hören und Morgengrauen im Nebel sehen möchte, auf jeden Fall im Herbst.

Dauer & Strecke: Am liebsten eine Woche, mindestens 4 Tage, sonst ärgert man sich; ca. 50 km.

Ausrüstung: Lichterkette, Taschenlampe, Taschenmesser, Feuerzeug, Spülmittel und ein Brettspiel.

Wenn es Nacht wird: Am Rande eines Sees oder Wasserlaufes ankern. Zu mieten sind die Hausboote unter www.bunbo.de

TEICHE

IM TURM TRÄUMEN

… im Fläming

#20

Dass man im Fläming in Kanalröhren schlafen kann, ist kein Anglerlatein. Neben einer Fischfarm stößt man auf die außergewöhnlichen Hoteltürme. Was man hier auch findet, sind Ruhe und Erholung mit Seeblick und Angelfreuden.

#angeln #Kanalröhre #25Teiche #Fischfarm

Nach einer gemütlichen Nacht im Hoteltower muss man nur wenige Meter bis zur Fischfarm laufen. Das leckere Frühstück, natürlich mit frischem Fisch, ist die perfekte Grundlage für einen Angeltag.

Die Tour startet mitten im Nirgendwo zwischen Buckau und Rottstock. Es ist herrlich ruhig. Auf der einen Seite schaut man über weite Felder, auf der anderen in dichten Wald. Ungewöhnlich sind die sechs Hoteltürme. Die hellblauen Röhren erinnern an geschrumpfte Leuchttürme. Statt am Meer stehen sie am Waldrand neben der Fischfarm 25 Teiche.

Die sogenannten Hoteltower bestehen aus umfunktionierten Betonröhren, die eigentlich für den Bau von Klärgruben verwendet werden. Der große Turm ist ein wahres Raumwunder inklusive eigenem Bad und schicker Dachterrasse. Die zwei kleinen Türmchen wirken von außen winzig, bieten aber ein halbrundes Bett, dass von einem Erwachsenen und einem Kind genutzt werden kann, und ein kleines Schränkchen. Zusätzlich gibt es je einen gemeinschaftlichen Dusch-, Toiletten- und Aufenthaltsturm. Bettzeug und Bettwäsche können selbst mitgebracht werden. So wird der Preis für die Aufbettung gespart. Sicherheitshalber vorher buchen. Der Türcode wird per E-Mail geschickt. Es empfiehlt sich, das sehr leckere Frühstück auf der Fischfarm zu reservieren.

Das Wasser der 25 kleinen Teiche entspringt in der nahen Frischwasserquelle. Die Quelle soll nach einem Gewitter am Pfingstmontag 1669 freigelegt worden sein und wird als heilend verehrt. Die heimische Bevölkerung pilgert seitdem jedes Jahr zu Ostern zur Quelle, um daraus zu trinken. Laut Volksglauben wird man so vor Krankheiten geschützt.

Das Quellgebiet liegt versteckt im nahen Urwald. Über einen Bach fließt das Wasser direkt in die Teiche, in denen Bachforellen, Saiblinge und Störe gezüchtet werden.

Outdoorbegeisterte, die Lust haben, das erste Mal selbst zu angeln, bekommen nach Voranmeldung eine ausgiebige Einweisung - inklusive wertvoller Tipps und Tricks.

Für alle anderen geht es nach der kurzen Anmeldung direkt zu einer der lauschigen Angelstellen. Während leise die Wellen an den Uferrand schwappen, schweift der Blick über das Wasser. Ob die Forellen und Karpfen heute auch wirklich anbeißen, kann einem keiner versprechen. Entspannte Stunden in der Natur sind jedoch garantiert.

Für die Stärkung zwischendurch sorgt man entweder selbst oder stattet dem Bistro einen Besuch ab. Besonders empfehlenswert ist hier der Forellenteller mit hausgemachten Bratkartoffeln. Mit Blick aufs Wasser schmecken die besonders gut.

Wer mag, stattet sich im Hofladen für ein Sonnenuntergangspicknick auf der Dachterrasse aus. Neben fangfrischem Fisch, Räucherfisch und Fischbrötchen kann man auch den hier produzierten Störkaviar oder Wodka aus dem Quellwasser der 25 Teiche erwerben.

FAZIT: IM TURM MUSS NICHT NUR VOM ANGELN GETRÄUMT WERDEN – DEN TRAUM KANN MAN SICH AM TAG ERFÜLLEN.

Hin & weg: Am einfachsten mit dem Auto, alternativ von Berlin-Hauptbahnhof mit dem Regionalexpress nach Bad Belzig, weiter mit dem Bus nach Buckau (PM), Birkenreismühle, die restlichen 700 m zu Fuß.

Beste Zeit: Von April bis Oktober, dann wird es in den Hoteltowern nicht zu kalt, der Forellenhof hat in dieser Zeit von Dienstag bis Sonntag geöffnet.

Dauer: 1–2 Tage.

Ausrüstung: Wenn vorhanden, Angelausrüstung (kann auch ausgeliehen werden), Mückenschutz, einen Campingstuhl, warme Sachen, nachts kann es kalt werden! Bettwäsche, ein paar Flaschen Wasser können nicht schaden.

Wenn es Nacht wird: Ab in den Turm. Infos unter www.25teiche.com/uebernachtung

---

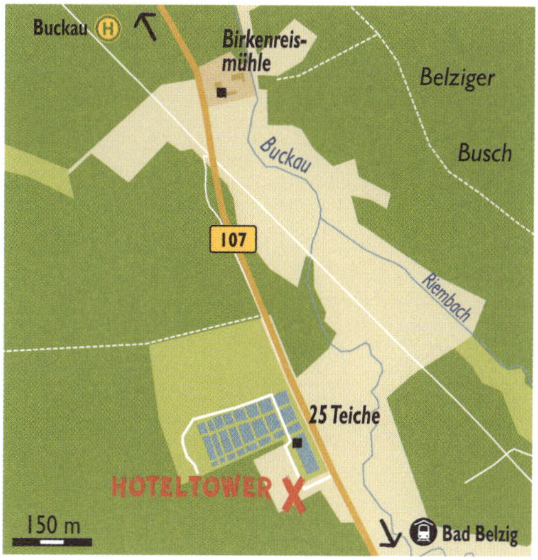

STILLE SCHÖNHEIT

... ab durch die Reben bei Dresden

#21

Links ist's platt, rechts ist's platt, vorn ist ein Berg. Das ist die Bosel. Wie die Loreley am Rhein steht sie in einsamer Schönheit an der Elbe, steckt voller Flora- und Faunahabitate und ist an einem Nachmittag schnell bestiegen. Oben lohnt es sich allerdings, länger zu bleiben.

 #Weinberge #Weineprobieren #aussichtsreich #Pflanzenbestimmen

Auf der Bosel hat statt der Loreley die sächsische Weinkönigin ihren Weinberg am »Schwalbennest«.

Wer in Sörnewitz aus der S-Bahn steigt, meint, über den Bahndamm bis Großenhain blicken zu können – so platt ist das Land. Im Westen aber ragt die Bosel 192 Meter über NN – ein guter Fixpunkt zum Draufhalten. Der Berg zeigt nur da eine schroffe Kante, wo einst Lausitzer Granit abgebaut wurde – und zwar so viel davon, dass Naturschützer den Berg in den 1940er Jahren einfach kauften, um ihn zu schützen.

Auf dem Weg über die im Waldboden abgesteckten Stufen durch dichtes Buchen- und Brombeerdickicht stellt sich im Halbschatten das angenehme Wandergefühl ein, eine Märchenwelt zu betreten. Erst recht bei der Ankunft auf der Magerwiese ganz oben: Die Trockenmauern der Weinberge, die gigantischen Baumsolitäre, der Wiesenweg, der sich verheißungsvoll nach Osten schlängelt – eine Fee am Wegesrand würde jetzt nicht weiter überraschen. Und spätestens von der Jochhöh aus, besagtem 192-Meter-Punkt, wirkt Meißens Domberg wie ein fernes Königreich.

Das Gästehaus Boselspitze (www.boselspitze.de) spinnt den Märchenfaden weiter. Dort hat die Künstlerin Elvi Schmidt ihr Ate-

Ganz da hinten kommt Dresden. Und noch weiter hinten erahnt man schon die Gipfel der Sächsischen Schweiz.

lier – mit Folgen: Ihre farbenfrohen Gestalten bevölkern die Ecken des Biergartens, die große Kastanie hängt voller Papierglocken. Das Haus war einmal ein Ferienlager, birgt heute Gästezimmer zu kleinen Preisen, außerdem deftige Gerichte. Ein paar Schritte weiter wird der Boselturm sichtbar, und hinter ihm führt der Weg am Weinwanderweg-Zeichen entlang. Die hiesige Lage, der Meißner Kapitelberg, ist eine der besten, die das Elbtal

Rund um den Biergarten des Gästehauses Boselspitze lassen sich Werke der ortsansässigen Künstlerin Elvi Schmidt entdecken.

zu bieten hat. Der Blick auf das Winzerhäuschen Schwalbennest inmitten der Rebenlinien über der Elbe, gegenüber das Totenhäusel bei Scharfenberg, lohnt auf jeden Fall: Hier also entstehen die Titelfotos aller Elbtal-Tourismusprospekte!

Der ganz große Angeberblick liegt am Ende des Boselweges an der schroffen Felskante, und hier blättert sich ganz Dresden von seinen westlichen Ausläufern aus auf – bei klarer Luft auch noch die Tafelberge der Sächsischen Schweiz. Darüber bloß nicht das unscheinbare Tor im Rücken übersehen!

Es führt – bei freiem Eintritt – in ein kleines Reich mit über 800 Pflanzenarten. 1908 gründete der Botaniker Oskar Drude, Professor an der TU Dresden, diesen Botanischen Garten für wärmeliebende europäische Steppenpflanzen (www.tu-dresden.de/bg) – nicht umsonst wird hier ja auch der ebenso wärmeliebende Wein angebaut.

Strubbelige Graslilien, blutroter Storchschnabel, Fingerkraut, dazwischen Farnwiesen und das kleine braune Gartenhäuschen mit waldgrünen Fensterläden ...

Auf dem Heimweg empfiehlt es sich, in der idyllischen Straußwirtschaft Zum Winzerschoppen einzukehren (www.winzerschoppen.com) oder Wein zu probieren und zu kaufen, z. B. im Weinhaus Schuh (www.weinhaus-schuh.de) oder beim Weingut Henke (www.weinguthenke.de). Genuss zum Mitnehmen.

FAZIT: AUSBLICK, WEIN UND PFLANZENKUNDE ... DAFÜR LOHNT ES SICH, DEN GRANITBERG AN DER ELBE ZU ERKLIMMEN.

Hin & Weg: Von Dresden mit der S-Bahn nach Neusörnewitz (29 Min.), fährt alle halbe Stunde.

Beste Zeit: Im Frühsommer blüht alles, im Spätsommer sind die Trauben reif.

Dauer & Strecke: Vom Bahnhof Neusörnewitz aus bis zur Boselspitze und zurück beträgt die Strecke 10 km, zu Fuß höchstens 3 Std. (Besuch des Botanischen Gartens inbegriffen). Von Dresden aus sind es 23 km/1,5 Std. am Elberadweg entlang. Der Auf- und Abstieg zur Bosel ist zu steil und stufig fürs Rad. Sonst sind die Wege sehr gut befahrbar, der Elberadweg führt direkt an der Bosel vorbei.

Ausrüstung: Gutes Schuhwerk für den steilen Aufstieg; ein Rucksack für Weineinkäufe.

Wenn es Nacht wird: Ab ins Gästehaus Boselspitze (www.bosel-spitze.de).

LUFTVER-ÄNDERUNG

… im Erzgebirge

#22

Das Erzgebirge ist anders: Statt Sand oder Kiesel glitzert Katzengold im Sauwaldbach. Silber- und andere Erzfunde haben dem Mittelgebirge seinen Namen gegeben, das raue Klima hat für eine einzigartige Flora und Fauna gesorgt, die in aller Ruhe entdeckt werden will.

#Bergbau #Erzgebirge #Bärwurz #Bergwiesen

Von Silber bis Uran reichten die fünf großen Bergbau-Jahrhunderte von Annaberg-Buchholz. Auch wenn 1959 der letzte Schacht geschlossen wurde, ist der Bergbau allgegenwärtig in der Stadt, z. B. beim Bergbaualtar in der Annenkirche. Doch das eigentliche Ziel sind die roten Ferienhäuser des Naturschutzzentrums Erzgebirge. Nach drei Kilometern auf dem Bergbaupfad Fronauer Weg (Roter Balken) und noch einem Kilometer Am Sauwald entlang Richtung Westen stehen sie in der Landschaft und sehen ein bisschen aus wie bei Pettersson und Findus. Das Klima passt auch zu Schweden: Auf 630 Metern

---

Hin & weg: Regionalexpress Dresden Hbf.-Flöha, Flöha-Annaberg-Buchholz, 1 Std. 53 Min.; 3-km-Wanderung vom Bahnhof zum Naturschutzzentrum auf dem Internationalen Bergwanderweg (EB), Zeichen: Roter Balken.

Beste Zeit: Jede Jahreszeit! Im Winter: besondere Weihnachtstraditionen und die Langlaufloipen.

Dauer & Strecke: Wanderung Annaberg-Buchholz-Naturschutzzentrum: 4 km, 1 bis 2 Std.; Rundwanderung Naturschutzzentrum-Schlettau: 10 km.

Ausrüstung: Im Winter: Langlaufski! Oder wenigstens einen Schlitten. Im Sommer: Pflanzenbestimmungsbücher. Immer: Wasserdichte Schuhe (feuchte Wiesen!), evtl. Proviant für zwei Tage (im Naturschutzzentrum gibt es nämlich kein Restaurant).

Wenn es Nacht wird: Alles unter einem Dach – Schlafen, Kochen, Geselligkeit – gibt's in den Herbergshäusern des Naturschutzzentrums (www.naturschutzzentrum-erzgebirge.de).

Lutz Brenner verarbeitet die erzgebirgische Wiesenvielfalt in seiner Schlettauer Brennerei zu Kräuterschnäpsen.

Höhe wächst eine andere Vegetation als am Dresdner Elbufer. Schwarzerlen säumen den Sauwaldbach, und was sich an Weißdorn- und Schneeballsträuchern dazwischenschiebt, wirkt zäh und robust, wenn es nicht gerade zugeschneit ist.

Die Bärwurz kommt erst in der Vegetationszone der montanen Höhenstufe vor. Ihre dunkelgrünen, dillartigen Blätter finden sich hier an fast jedem Wiesenrain, und um ihren intensiven Maggi-Geschmack richtig auszukosten, lohnt es sich, als Wegzehrung ein paar Frischkäse-Brote zum Vor-Ort-Verfeinern mitzunehmen.

Ab Spätsommer kommen noch Pflaumen und Äpfel dazu: Das Naturschutzzentrum hat in den frühen 1990er Jahren die Wiesen ringsum mit alten Obstbaumsorten in Streuobstwiesen verwandelt. Inzwischen tragen so klangvolle Sorten wie Dülmener Herbstrosenapfel, Lausitzer Nelkenapfel oder die Viktoriapflaume längst Früchte. Auch für Wiesenbiotope sorgen die Mitarbeiter des Zentrums: Einmal im Jahr mähen sie die Bergwiesen, natürlich nur mit der Sense und erst, wenn alle 130 Pflanzenarten ausgesamt haben, die ihrerseits einer Fülle von Schmetterlingen, Schwebfliegen und den hübschen Grünwidderchen eine Lebensgrundlage liefern. Die Bärwurzaromen lotst der Brennermeister der Likörfabrik in Schlettau in seine auch sonst hocharomatischen Kräuterbitter (www.grubenfeuer.de). Neben seiner Brennerei betreibt er eine Schauwerkstatt im Schloss Schlettau, das mit seinem Café und Restaurant (www.schloss-schlettau.de) ohnehin ein guter Anlaufpunkt für eine Tageswanderung auf dem Zschopautal-Wanderweg ist: Hier gibt es typische Erzgebirgs-Gerichte wie die »Raachermaad«, ein süßer oder herzhafter Kartoffel-Reibekuchen. Das »Grubenfeuer«, der beliebteste Kräuterschnaps, hat ob seiner Brennbarkeit vor allem im Winter Saison. Dann tritt das Loipennetz zwischen Schlettau, Hermannsdorf und Dörfel an Stelle der naturkundlichen Lehrpfade (www.loipen-langlauf-schlettau.de), während das nahe Crottendorf an den Adventswochenenden nicht nur seine berühmten Räucherkerzen feiert, sondern auch all die Holzdrechseleien auf dem Handwerksmarkt feilbietet, für die das Erzgebirge ebenfalls berühmt wurde.

FAZIT: SELTENE PFLANZEN, KAMMRÜCKEN, BERGBAU-GEPRÄGTE TRADITIONEN: ZWISCHEN ANNABERG-BUCHHOLZ UND SCHLETTAU ERLEBT MAN DAS ERZGEBIRGE IN HOCHKONZENTRIERTER FORM.

DAS PARADIES IST NEBENAN

… längs der Mulde

#23

Die Mulde schlängelt sich als viertgrößter Neben- und Zufluss der Elbe durch idyllische Landschaften. Welches Stück des Mulderadweges man sich aussucht, ist eher abhängig von Fitness, Kondition und persönlichem Ehrgeiz als von der Suche nach der schönsten Strecke. Wie wäre es mit 30 Kilometern flacher Bequemlichkeit?

#FähreimHandbetrieb #auchSachsenhateineLoreley #diebestenErdnussflipsderWelt

Auf der ehemaligen Strecke der Muldentalbahn führt der Radweg autofrei und leicht erhöht durch wunderschöne Landschaften.

In Sermuth treffen die beiden Flüsse Zwickauer und Freiberger Mulde zusammen und werden hier zur Vereinigten Mulde. Kurz danach beginnt unsere Radtour, in Großbothen. Vom Bahnhof aus folgt man auf dieser Seite des Flusses dem Muldentalradweg über Schaddel in Richtung Höfgener Fähre.

Per Fährglocke oder einem lauten »Hol' über« samt Winken – »So haben das die Leute in den 40er und 50er Jahren auch gemacht« – lockt man den Fährmann auf seine Uferseite. Auf der kurzen Überfahrt erzählt der einem so einiges aus dem Leben eines Fährmanns. Charaktere waren die Fährleute in Höfgen schon immer, davon zeugt auch der wunderbare Fotoband »Die Fähre« des Leipziger Fotografen Helfried Strauß. Über einen Zeitraum von zehn Jahren dokumentierte er in den 1970er-Jahren das Leben und Arbeiten der legendären Fährfamilie Müller.

Die schönen Dörfer Höfgen und Kaditzsch mit der historischen Wassermühle und dem dazugehörige Gasthaus in Höfgen (www.wassermuehle-hoefgen.de) beziehungsweise der Denkmalschmiede in Kaditzsch mit Konzerten und Ausstellungen (www.hoefgen.de) lohnen einen Besuch.

Danach geht es weiter auf dieser Seite der Mulde entlang über den Rabenfelsen nach Grim-

ma. Oder auf der anderen Seite des Flusses, vorbei an der Klosterruine Nimbschen. Aus diesem Kloster flohen, angeregt von den Ideen der Reformation 1523 neun Nonnen, darunter auch Katharina von Bora, die spätere Ehefrau Martin Luthers.

Die von der großen Flut 2002 stark in Mitleidenschaft gezogene Stadt Grimma hat sich auch dank der Fördergelder für den Wiederaufbau zu einer Perle am Fluss entwickelt. Wer sie anschauen oder hier eine Rast einlegen möchte, überquert die historische Hängebrücke am Ortseingang und gelangt über die Fußgängerbrücke am Ortsende wieder zurück auf den Radweg. Dieser führt von nun an auf der ehemaligen Strecke der Muldentalbahn. Immer wieder ereilt einen das Gefühl, aus einem Zugfenster zu schauen. Leicht erhöht bewegt man sich auf langer gerader Strecke oder in ungewöhnlich ausholenden und gleichmäßigen Schwüngen. Bei Döben kann man einen kleinen Abstecher zur Ritterburg machen. Dort öffnet sich der Blick auf die Loreley. Na ja, eine barbusige Schönheit, die ihr goldenes Haar kämmt, ist weit und breit nicht zu entdecken, aber immerhin, die Mulde macht hier einen markanten Bogen, der Ausblick ist schön und eine Bank lädt zur Rast.

Die weite Wiesen- und Auenlandschaft der Umgebung mit ihren Streuobstwiesen, das wellige Hügelland, die ausgedehnten Wälder und der mäandernde Fluss lassen echtes Urlaubsfeeling aufkommen. Dass wir uns Wurzen nähern, sieht man schon lange vorher an dem markanten Gebäudekomplex der Wurzener Keksfabrik. Von hier kommen übrigens die besten Erdnuss-

Nach dem verheerenden Hochwasser 2002, bei dem man auf Booten durch die Innenstadt Grimmas fahren konnte, wurden viele Häuser und die beiden markanten Brücken saniert.

flips der Welt. Wer mag, radelt auch am nächsten Tag noch weiter an der Mulde entlang.

FAZIT: DER KLASSIKER UNTER DEN ETAPPEN ENTLANG DER MULDE-FLÜSSE. EINSAMER UND ANSTRENGENDER SIND DIE ABSCHNITTE ENTLANG DER BEIDEN ZUFLÜSSE.

Hin & weg: Ab Leipzig mit dem Zug nach Großbothen und mit der S-Bahn ab Wurzen zurück.

Beste Zeit: April–Oktober.

Dauer & Strecke: Ganzer Tag und 30 km mit dem Rad. Weitere Etappen unter www.mulderadweg.de

Ausrüstung: Fahrrad, Radkarte, Picknick.

Wenn es Nacht wird: Wie wärs mit Glamping im Igluhut Molendini (z. B. über www.george-glamp.bookingturbo.com)?

→ IM HERZEN …

SONNIGE AUSBLICKE

… in der Rhön

#24

Sie gilt als »Perle der Streu«, ist die Heimat der Bionade und prämierter Genussort – die kleine romantische Fachwerkstadt Ostheim vor der Rhön. Der perfekte Ausgangspunkt für ein Wanderwochenende, zwischen Muschelkalk und Streuobstwiesen, auf einer der 30 Extratouren der Rhön.

#Extratour #Fernblicke #Lichtenburg #Kirchenburg

Die durch ein rotes O auf weißem Grund gekennzeichnete Extratour Ostheimer führt an der Ruine der Lichtenburg sowie an großen Streuobstwiesen vorbei.

Vom Parkplatz an der Ruine Lichtenburg auf dem Schlossberg führt ein Waldweg bergab ins Tal. Wer den Rundweg in diese Richtung loswandert, spart sich übrigens den extrem steilen Aufstieg zum Weyhershauk – das ändert aber nichts an dem ständigen Bergauf und Bergab auf dem Rest der Strecke. Kaum im Tal angekommen, wird der Waldweg zu einem Feldweg, der entlang von Unmengen an Obstbäumen durch das Tal an der Streu führt. Eine Infotafel beschreibt den besonderen Lebensraum Streuobstwiese. Sonnenanbeter werden die Strecke übrigens lieben, denn Schatten wird hier überbewertet. Es geht wieder bergauf, und nach kurzer Zeit ändert sich das Landschaftsbild: Blühende Wiesen, so weit das Auge reicht. Kalkmagerrasen und Fettwiese bieten hier über 140 verschiedenen Pflanzen ideale Wachstumsbedingungen. Kräuterfans freuen sich über den Thymian, der hier massenhaft zu finden ist und im Sommer auch noch so herrlich rosa blüht. Am Wegesrand tummeln sich zudem Schmetterlinge, Hummeln, Heuschrecken und Ameisen, die fleißig ihre Hügel bauen.

Die Steigung zum Weyhershauk hinauf wird intensiver, der Weg schmaler und extrem steinig. Der Berg ist übersät mit Muschelkalk. Das Naturschutzgebiet bietet dadurch einen Trockenlebensraum, der durch seinen Artenreichtum von landesweiter Bedeutung für den Biotopschutz ist. Die sogenannte Felsflur zeichnet sich durch wenig Nährstoffe, viel Trockenheit und große Wärme aus. Hier haben sich hochspezialisierte Pflanzen angesiedelt, die mit ei-

Die abwechslungsreiche Landschaft rund um Ostheim lädt dazu ein, intensiv entdeckt zu werden, und lässt einen automatisch entspannen.

nem Minimum an Nährstoffen und Wasser überleben können, zum Beispiel die Nachtkerze, der Huflattich oder der Weiße Honigklee. Vom Weyhershauk lässt es sich phänomenal in die Ferne blicken. Damit der Aufstieg nicht zu sehr an den Kräften zehrt, ist ein Picknick auf einer der zahlreichen Bänke ein Muss.

Der Abstieg ist steil und führt zum nächsten Lebensraum: Weiher und Tümpel. Dann folgt eine kurze Strecke durch den Wald, und man begegnet einer mächtigen Gestalt: die doppelte Eiche. Ihren Namen trägt sie wegen ihrer Wuchsform. Es sieht so aus, als wären zwei Eichen zusammengewachsen. Ihr Alter wird auf über 250 Jahre geschätzt - sie ist sogar ein eingetragenes Naturdenkmal. Der Weg führt nun über Schotter- und Feldwege zurück zur Lichtenburg. Am Ende geht es nochmal heftig bergauf - zum Glück schön schattig im Wald.

Tipp: Nach dem letztmaligen Aufstieg sollte unbedingt der Lichtenburg inklusive der dortigen Gaststätte ein Besuch abgestattet werden. Der Biergarten lädt zum Erholen ein, außerdem gibt es dort das süffige Bier der Rhönpiraten, einer kleinen Brauerei in Ostheim. Am zweiten Tag kann man das romantische Ostheim erkunden, wobei ein Abstecher zur größten Kirchenburg Deutschlands in der Ortsmitte auf keinen Fall fehlen darf.

FAZIT: DIE RICHTIGE WANDERUNG FÜR ALLE, DIE SONNIGE AUSBLICKE LIEBEN!

Hin & weg: Mit dem Rhön-Zügle oder dem Bus nach Ostheim. Start des Rundwegs am Parkplatz bei der Ruine Lichtenburg, der Wegmarkierung mit dem roten O folgen.

Dauer & Strecke: 3 Std., 6,6 km. Für Genießer und mit Picknick ein herrlicher Tagesausflug.

Beste Zeit: Frühjahr, Sommer, Herbst.

Ausrüstung: Festes Schuhwerk.

Wenn es Nacht wird: Unter www.ostheimrhoen.de findet sich für jeden die passende Unterkunft.

AUSZEIT ZU ZWEIT

… in Hahnenklee im Harz

#25

Was hat die Liebe mit dem Harz zu tun? In Hahnenklee viel! Dort kann man auf dem Liebesbankweg nicht nur die »Wege der Liebe«, sondern auch die schönsten Orte der Gegend erkunden und in Ruhe das Draußensein genießen.

#Bockswiese #Liebesbankweg #Camping #Baden #Gemeinsamzeit

Liebe muss nicht kitschig sein. Oft sind es gerade die kleinen Dinge, die zählen. Statt Blumen, Candle-Light-Dinner oder teuren Geschenken ist es doch viel schöner, sich Zeit füreinander zu nehmen, den Alltag hinter sich zu lassen und etwas Gemeinsamzeit im Grünen zu verbringen.

Im Harz, wo traumhaft schöne Wälder auf kristallklare Seen treffen, wurde der Liebe gleich ein ganzer Rundweg gewidmet. Auf sieben Kilometern Länge können Pärchen sich gegenseitig Zeit schenken und die »Wege der Liebe« ergründen.

Auf der Strecke sind 25 individuell gestaltete Holzbänke besonderen Ereignissen des Liebes- und Ehelebens gewidmet. Mitten in der Natur, mit teilweise traumhafter Aussicht, laden sie zum Innehalten ein. Ja, der Liebesbankweg ist ein Genusswanderweg. Hier geht es nicht um Kilometer, hier geht es darum,

---

Hin & weg: Von der B241 aus Goslar oder Clausthal kommend den Abzweig über die L516 Richtung Hahnenklee nehmen.

Beste Zeit: Juni-September.

Dauer & Strecke: Gehzeit 2-3 Std., Rundwanderung ca. 6,5 km.

Ausrüstung: Wanderschuhe, Badesachen, Picknick-Rucksack.

Wenn es Nacht wird: Auf dem Weg, direkt am Oberen Grumbacher Teich am Fuße des Bocksbergs liegt der Campingplatz Kreuzberg (www.camping-harz.com). Wer Mauern bevorzugt: Hotel Haus am Hochwald (www.hausamhochwald.de).

Der Obere Grumbacher Teich ist Teil einer Kaskade von insgesamt vier Teichen, die zum Weltkulturerbe Oberharzer Wasserwirtschaft gehören.

Momente zu teilen. Auf den Bocksberg mit herrlicher Aussicht auf das Harzvorland und vorbei an fünf Teichen der sogenannten Auerhahnkaskade führt der Weg zu den schönsten Plätzen rund um Hahnenklee und Bockswiese. Einige Teiche sind sogar zum Baden freigegeben, und so kann man im Sommer mitten im UNESCO-Welterbe ein erfrischendes Bad in den Harzfluten nehmen.

Bei all den schönen Bänken und den fünf Ge(h)-Dicht-Steinen ist die Wanderung dennoch schneller vorbei, »als einem lieb ist«.

Im Biergarten des Café Egerland lässt sich direkt am Weg ein Päuschen am See einlegen (www.kaffeehaus-egerland.harz.de).

Am schönsten ist die Tour, wenn man ein ganzes Wochenende Zeit hat. Einfach das Zelt einpacken und auf dem Campingplatz noch ein wenig länger die Zweisamkeit genießen. Morgens früh eine Runde in den See springen, in der Sonne ein gutes Buch lesen und gemeinsam dem Wind in den Bäumen lauschen – Romantik pur!

FAZIT: OB FÜR EIN PAAR STUNDEN ODER EIN GANZES WOCHENENDE – DIE GEGEND UM HAHNENKLEE MIT IHREN (BADE-)TEICHEN, BERGWIESEN UND TANNENWÄLDERN EIGNET SICH PRIMA FÜR EINE AUSZEIT ZU ZWEIT.

TOUR DE ROMANTIK

... durch das Selketal

#26

Das Selketal ist das wohl idyllischste Flusstal des Harzes und noch ein echter Geheimtipp. Am besten erkundet man es zu Fuß oder mit dem Fahrrad auf dem Selketalstieg. Für Abkürzungen auf dem sonst 67 Kilometer langen Weg sorgt die schmalspurige Selketalbahn, die allein schon einen Abstecher wert ist.

#Selketalstieg #sagenhafteOrte #Falkenstein #Selketalbahn

Idyllisch führt der meist breite Selketalstieg durch das romantische Flusstal. Wer Kilometer und Höhenmeter sparen möchte, fährt mit der historischen Selketalbahn von Gernrode nach Alexisbad.

Die Selke ist ein Nebenfluss der Bode und hat ihren Ursprung bei Stiege. In einem bis zu 80 Meter tief eingeschnittenen Tal durchfließt sie den Unterharz, bis sie nach 34 Kilometern bei Heddesleben in die Bode mündet. Vielleicht ist es die Naturbelassenheit, die das Selketal so besonders schön macht. Keine einzige Staumauer hält den Fluss auf und die Landschaft ist geprägt von Laubbäumen. Ein einzigartiges, für den Harz eher untypisches Mikroklima bietet ideale Bedingungen für seltene Tier- und Pflanzenarten, wie zum Beispiel die Wildkatze oder den Eisvogel, zu deren Erhalt das Gebiet zum Naturschutzgebiet erklärt wurde.

Da das Selketal am Harzrand liegt und damit, was das Höhenprofil angeht, recht flach ist, lässt es sich am besten mit dem Fahrrad erkunden. Es gibt zwar keinen offiziellen Selketal-Radweg, der Wanderweg Selketalstieg jedoch ist meist eben und breit und eignet sich damit auch für eine Tour mit dem Drahtesel. In Kombination mit wenig befahrenen Landstraßen und dem Fernradweg R1 ergibt sich eine etwa 34 Kilometer lange Runde, für die man kein spezielles Training oder Mountainbike benötigt.

Hin & weg: Über die Harzrandautobahn B6 nach Quedlinburg und von da aus über die L242 weiter nach Gernrode. Parken direkt an der Haltestelle der Selketalbahn.

Beste Zeit: Mai-Oktober.

Dauer & Strecke: Ca. 8 Std. (mit Abstechern, Stopps und Selketalbahn-Fahrt), 34 km von Alexisbad.

Ausrüstung: Fahrrad, evtl. Picknick.

Wenn es Nacht wird: Familiäres Hotel in einem denkmalgeschützen Geäude: Le petit Palais in Bad Suderode (www.lepetitpalais.de).

Definitiv einen Abstecher wert: die imposante Burg Falkenstein oberhalb des Selketals.

Um Höhenmeter zu sparen, beginnt die Tour am Bahnhof in Gernrode. Von dort aus bringt die Selketalbahn Radler und andere Ausflügler hinauf zum eigentlichen Ausgangspunkt in Alexisbad. Vom einstigen Kurort aus geht es zunächst über die wenig befahrene Landstraße nach Mägdesprung. Der Name geht auf zwei sagenumwobene riesige Fußabdrücke zurück: Das Riesenmädchen Amala soll sie bei ihrem Sprung über das Selketal in einem Fels in der Nähe hinterlassen haben. Auf der »Mägdetrappe« kann der »Fußabdruck« entdeckt werden. Ebenfalls lohnen die Selkewasserfälle einen Zwischenstopp.

Weiter führt das malerische Flusstal vorbei an vier alten Hammerhütten. Über einen alleeartigen Schotterweg geht es nach der letzten, der Selkemühle, durch das Naturschutzgebiet – immer leicht abschüssig durch Laubwälder und saftige Wiesenflächen. Die Burg Falkenstein befindet sich leicht versetzt von der Strecke auf einem Bergkamm und ist ebenfalls einen Abstecher wert.

In Meisdorf angekommen, verlässt man den Selketalstieg und folgt dem Fernradweg R1, der zunächst am südlichen Ortsrand zum Schloss Ballenstedt führt. Auch dieses imposante Anwesen bietet sich für einen Stopp an, bevor man durch seine schöne Parkanlage und ein langgezogenes Waldstück zurück nach Gernrode radelt.

FAZIT: NICHT ZU LANGE UND RELATIV LEICHTE FAHRRADTOUR DURCH EINES DER SCHÖNSTEN TÄLER IM HARZ. DIE 400 ZU ÜBERWINDENDEN HÖHENMETER MERKT MAN DA KAUM.

EINFACH MAL ABTAUCHEN

... in Nordhausen

#27

Und in schwereloser Stille eine Unterwasserstadt erkunden. In bis zu 50 Metern Tiefe warten im Sundhäuser See in Nordhausen faszinierende Eindrücke und drei Schiffswracks auf Besucher. Für Tauchneulinge gibt es Schnupperkurse.

#Nordhusia #Tauchen #Unterwasserstadt #GoldeneAue

Im Sundhäuser See lassen sich nicht nur die Gebäude der Unterwasserstadt Nordhusia, sondern auch zahlreiche heimische Fisch beobachten. Hier schwimmt zum Beispiel gerade ein Hecht vorbei.

Türkisfarben glitzert der Sundhäuser See an diesem herrlichen Sommertag im Juni. Schon vom Steg aus lassen sich erste Fische blicken - ein kleiner Vorgeschmack auf den bevorstehenden Tauchgang.

Und was das angeht, kann sich der See wirklich sehen lassen. Neben Barschen, Hechten und Krebsen kann man hier bei Nordhausen mehrere Schiffswracks sowie die Unterwasserstadt Nordhusia tauchend erkunden.

In zwölf Metern Tiefe lassen sich eine Kirche, Häuser, Bäume und noch einiges mehr entdecken. Dabei muss man sich ganz schön »warm anziehen«: Selbst im Sommer liegen die Temperaturen am Seegrund gerade einmal bei 14 Grad. Wie gut, dass ein dicker Neoprenanzug vor der Kälte schützt. Über mehrere Plattformen auf vier und sieben Metern Tiefe geht es langsam abwärts in die Stadt. Ein bisschen ist es, als erforsche man die verlorene Stadt Atlantis, die heute von Fischen und anderen Meerestieren bewohnt wird.

Nordhusia ist der alten ehemaligen Reichsstadt Nordhausen nachempfunden und wurde ab 2010 nach und nach im See versenkt. Neben dem Sundhäuser See gibt es für erfahrene Taucher zwei weitere Einstiege am Möwensee, dem mit 46 Metern tiefsten See der Goldenen Aue, wie die Landschaft zwischen Nordhausen und Sangershausen genannt wird.

Neugierige können auch erst einmal einen der Schnuppertauchgänge belegen, die im Pool oder See durchgeführt werden. Und wer Gefallen daran findet, schwerelos unter Wasser zu schweben, kann gleich mit dem Tauchschein weitermachen.

Tipp: Wer die Goldene Aue lieber »über Wasser« erkunden möchte, kann sich am Bootsverleih ein Tretboot mieten und einfach drauflos schippern. Radfahrer können dagegen auf dem Goldene Aue-Radweg von Nordhausen aus fast auf einer Höhe durch die Seenlandschaft der einstigen Bergbauseenplatte radeln.

Hin & weg: Über die B4 von Nordhausen nach Utleben.

Beste Zeit: April-Oktober.

Dauer: Mit Vor- und Nachbereitung mind. ein halber Tag.

Ausrüstung: Badesachen; Tauch-Equipment kann vor Ort geliehen werden, www.actionsport-nordhausen.de

Wenn es Nacht wird: (Taucher-)Pension am Sundhäuser See, direkt an der Tauchbasis (www.pension-sundhaeusersee.de).

FAZIT: EIN IDEALES HARZABENTEUER FÜR TAUCHER UND SOLCHE, DIE ES MAL WERDEN WOLLEN.

DEN WOLKEN SO NAH

... im Weser-Leine-Bergland

#28

Das Wochenende lässt sich natürlich auch bequem im Bett verbringen. Die Faulenzerei aber hebt man sich besser für die dunklen und nassen Tage auf; stattdessen fährt man zum Ith und erobert auf der Südseite des Berges die Lüerdissener Klippen.

#dasBesteodernichts #Felsklettern #Berggefühle #Abenteuer

Klettern auf den Klippen garantiert einen Blick mit anderer Perspektive.

Schnell noch im Bistro an der Passhöhe des Iths mit Kaffee und Kuchen gestärkt, und schon geht es links die Bundesstraße 240 ein paar Meter den Weg hinab, an der nächsten Abzweigung rechts, dann bei der nächsten Gelegenheit links, und schon ist man mittendrin im satten Grün. Der Boden so weich, als würde man barfuß über das Moosbeet laufen, alles duftet frisch und würzig, lilafarbene Blümchen wachsen, mit niemandem möchte man in diesem Augenblick tauschen. Es war eben doch die richtige Entscheidung, all die Trägheit hinter sich zu lassen und stattdessen aufgebrochen zu sein zum Ith, Niedersachsens längstem Gebirgszug und nur etwa 40 Kilometer südwestlich von Hannover gelegen, ein Eldorado für Wanderer und Kletterer.

Wer sich jetzt das erste Mal den Lüerdissener Klippen auf der Südseite des Iths gegenübersieht, wird staunen. Stoßzähnen gleich ragen die Felsen bis zu 30 Meter in den Himmel, insgesamt 17 an der Zahl, wie Perlen auf einer Schnur reihen sie sich aneinander und tragen

Raus, abschalten, mehr Abwechslung in den Alltag bringen mit einer Tour über den Ith.

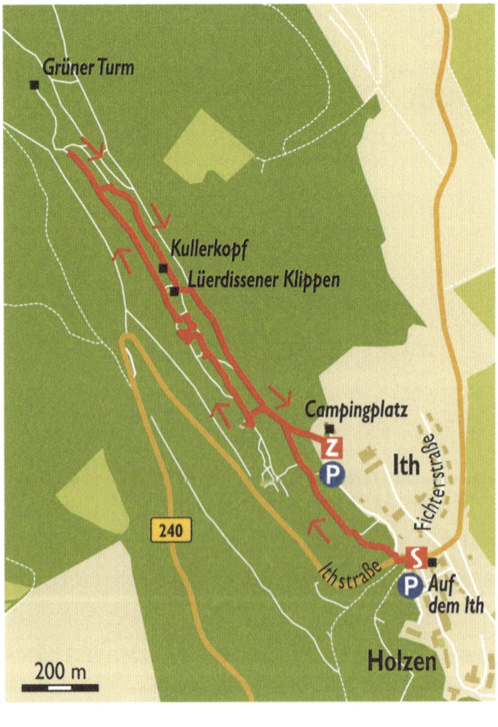

dabei so originelle Name wie etwa Grüner Turm oder Kullerkopf.

Jetzt munter draufloszuklettern, das sollte man besser den Profis überlassen, das geht nur mit Seil und Haken, alles andere wäre lebensgefährlich. Und so folgen die Unerfahrenen dem Treiben der Kletterer mit ehrfurchtsvollem Blick, allein das ist schon ein großes Abenteuer; die Kommandos der Experten tragen sich durch den Wald; Eisen klirrt an den Felsen, und hat man sich dann sattgesehen, erläuft man sich auf dem Bergkamm nach Lust und Laune seinen eigenen Weg. Der Duft des Waldes nimmt einen gefangen, ein Wanderfalke ruft, und am Ende dann kehrt der Wanderer mit dem Wissen zurück, sich einen der schönsten Plätze Niedersachsens erschlossen zu haben.

Die Nacht lässt sich dann sehr gut auf dem nur wenige Meter entfernten Campingplatz der AG Ith verbringen, ein wunderbar stiller Ort in der Natur. Am nächsten Tag bricht man auf zum Kontrastprogramm - nicht angeseilt, sondern abgehoben. Direkt an der Bundesstraße gegenüber legt sich der Segelflughafen Ithwiesen ins Tal. Für einen Besuch folgt man der Segelflugstraße bis zum Vereinsgelände, und Kaffee trinkend auf der Terrasse verfolgt man das Gleiten der Segler durch die Lüfte. So hoch. So weit. Den Wolken Niedersachsens so nah.

FAZIT: WANDER- UND KLETTERTRÄUME WERDEN WAHR AUF DEM LÄNGSTEN KLIPPENZUG NORDDEUTSCHLANDS.

Hin & weg: Die Anreise mit dem ÖPNV ist umständlich, mit dem Auto dagegen bequem in etwas mehr als 1 Std. von Hannover aus zu schaffen. Mehr Infos zum Wandern auf dem Ith unter www.ith-hils.weg.de

Beste Zeit: Frühling, Sommer mit guten Wetteraussichten.

Dauer & Strecke: 1–2 Tage oder länger. Wandertour 4 km.

Ausrüstung: Feste Schuhe zum Wandern. Zum Campen Zelt, Schlafsack, Isomatte, Taschenlampe, Mückenschutz, Kerzen oder Lichterketten für die Gemütlichkeit zum Draußensitzen.

Wenn es Nacht wird: Der Campingplatz der AG Ith und des DAV bietet wunderbar gelegene und günstige Plätze. Gruppen mit mehr als 5 Personen sind verpflichtet, sich mindestens 4 Wochen vorher schriftlich anzumelden. An langen Wochenenden wie Ostern, 1. Mai, Himmelfahrt und Pfingsten können Nichtmitglieder und Gruppen nur eingeschränkt aufgenommen werden. Infos unter www.ig-klettern-niedersachsen.de

AUSBLICKE WAGEN

... im Windecker Ländchen im Siegtal

#29

Die Auenlandschaft der Sieg ist eine Reise wert. Gemütlich schlängelt sich der Fluss durchs offene Tal, freundlich, fast postkartenidyllisch. Abschalten passiert hier ganz von selbst. Nach steilen Auf- und Abstiegen mit Traum-Ausblicken wartet abends das Bett an der Sieg. Und der nächste Tag mit weiteren Fluss-Abenteuern.

#Wasserfallwonnen #überStock&Stein #Burgfräulein #schlaflosanderSieg

Schlossfräulein im Windecker Ländchen? Statt Krone einen Blumenkranz? Warum nicht!

Am Anfang der Wanderung sieht man Rot. Knallrot. Schladerns Bahnhof steht die Farbe gut. Feudal kommt er daher: Im Baustil gleicht er dem ehemaligen Windecker Schloss. Und dahin führt die Route jetzt: über den Mäanderweg in Richtung Krummauel. Der Sieg-Altarm bezirzt den Wanderer mit Erlenbruchwäldern und Schilflandschaften. Der Weg schraubt sich langsam den Schlossberg hinauf und überwindet auf zwei Kilometern 75 Höhenmeter. Doch die Anstrengung lohnt: Von der imposanten Burgruine bietet sich ein grandioser Blick über die Siegschleife. In dieser Kulisse einmal Prinzessin sein … Hier oben bleibt genug Zeit fürs Träumen oder für ein Picknick.

Wenn sich Prinz oder Prinzessin losreißen können, geht es auf demselben Weg bergab – weil's so schön war. Doch nicht bis zum Bahnhof, sondern nach rechts zum »Elmores« an die Sieg. Das einstige Kupferwerk hat sich zum Kulturzentrum gemausert. Mit idyllisch gelegenem Biergarten. Und Eisdiele. Wo einst Kupferrohre gezogen wurden, schwätzt man heute bei Bier oder Eistütchen mit Blick auf

Fast zu schön, um wahr zu sein: das Windecker Ländchen.

den Siegfall. Der übrigens nicht irgendein Wasserfall ist, sondern der größte Nordrhein-Westfalens. Auf einer Breite von 84 Metern stürzt er in mehreren Stufen über 4,50 Meter in die Tiefe. Donnernd. Und mit Wucht. Man mag gar nicht aufstehen, so groß ist die Anziehungskraft des Wassers. Doch das Nachtquartier ruft – direkt am Fluss. Von der Siegbrücke in Richtung Mauel lohnt der Blick zurück auf den Wasserfall. Geradeaus liegt

Burg Mauel, eine von fünf alten Wehrburgen im Windecker Ländchen Der Weg führt heute aber nach rechts: ein kleines Stück an der Sieg entlang, dann einen Pfad steil hoch und an einer alten Fabrik vorbei durch den Wald. Begleitet vom Blick auf die Sieg zur Rechten. Ab und an sollte man auf seine Füße auf dem weichen Waldboden schauen, der Weg ist nicht ohne. Doch die abwechslungsreiche Landschaft lässt die Anstrengung rasch vergessen. Schließlich ist Dreisel und mit ihm das Nachtquartier direkt an der Sieg erreicht. Doch vorher noch schnell an einer der wilden Badestellen schwimmen ... Badeschuhe oder Ähnliches sind hier sehr zu empfehlen.

Am nächsten Tag ist keine Eile angesagt. Doch so viel sei verraten: Es wird abenteuerlich. Am Brunnen in Dreisel geradeaus und dann auf dem Lommerbruch immer weiter. Hört sich einfach an. Doch der schmale Forstweg, Teil des Natursteigs Sieg, verläuft links vom Fluss sehr steil am Seeberg entlang. Trittsicherheit ist gefragt – bis zur Siegbrücke bei Dattenfeld-Übersetzig. Hier wird es dann ganz idyllisch: mit Wiesen, Stromschnelle, Badeplatz, Bootsverleih und dem verspielten Blumencafé. Das einen Besuch allein schon wegen des leckeren Kuchens lohnt – und die Stücke sind riesig!

Nachdem die Prinzessin standesgemäß im Pipowagen geruht hat, rastet sie mit Ross und Ritter luxuriös auf einer Waldbank.

FAZIT: EIN WOCHENENDE AN DER SIEG, DAS ES IN SICH HAT. DIE WANDERTOUR IST ABENTEUERLICH, DAS BAD IM FLUSS (ER)FRISCH(END) UND DER KUCHEN NACH DER ANSTRENGUNG WILLKOMMEN.

Hin & weg: Vom Hauptbahnhof Köln mit dem RE Richtung Siegen bis Bahnhof Schladern, ca. 45 Min.; ab Bahnhof Dattenfeld S12, ca. 1 Std.

Beste Zeit: Ganzjährig möglich; aber wenn die Bäume kein Laub tragen, sind die Ausblicke noch schöner; für Baderatten ist der Sommer am besten.

Dauer & Strecke: 2 Tage; Wanderung ca. 4 Std. (ohne Pausen), 14 km; Abstecher zum Museumsdorf Altwindeck und zurück möglich, ca. 1,5 Std., 5,5 km, www.heimatmuseum-windeck.de

Ausrüstung: Kleiner Rucksack mit dem Nötigsten, sonst muss die Wanderung anders geplant werden; feste Schuhe.

Wenn es Nacht wird: Martina Semmler und Frank Schrötter sind Wahl-Dreiseler und glücklich an der Sieg. Daran wollen sie Gäste teilhaben lassen. Mit viel Liebe zum Detail sind ihre Ferienhäuser und -wohnungen und der historische Zirkuswagen in Dreisel bzw. Dattenfeld eingerichtet (www.siegtal-finca.de). Die Gastgeber bieten einen Abholservice. Alternative: Bikers Rast – der Name ist Programm, mit Campingplatz (www.bikersrast-dattenfeld.de).

DU-1046 V
MERCURY

IN DEN SCHLAF STRAMPELN

… auf der Ruhr

#30

Man muss schon ganz schön in die Pedale treten, um das Hausboot in Bewegung zu bringen. Aber irgendwie fühlt sich das gemächliche Gleiten auf dem Wasser im Schneckentempo nach Freiheit an. Man kann auch einfach nur rumdümpeln. Bei schwindender Muskelkraft leistet der Minimotor Erste Hilfe.

#Tretbootfahren #Schneckentempo #rumdümpeln #strammeWade

Die kleinen Hausboote haben alles an Bord, was man für einen campingähnlichen Kurzurlaub auf dem Fluss braucht. Für Essen, Trinken, Lieblingsdecke und alles andere Gedöns müssen die Hobbykapitäne allerdings selbst sorgen und es an Bord der *Escargot* (frz. Schnecke) schaffen. Bevor es losgeht, gibt es eine kurze Einweisung in die Regeln der Schifffahrt und in die Tücken der Ruhr. Aufsitzen, in die Pedale treten, ablegen, und schon bewegt sich das Boot fast geräuschlos durchs Wasser. Herrlich und aufregend.

Einheimische Pedalritter wundern sich spätestens nach der ersten Flussbiegung, wie viel Natur die Ruhr umgibt und wie still es auf Wasserniveau ist. Bevor die erste Schleuse am Wasserbahnhof Mülheim erreicht wird, muss der Schleusenwärter angerufen werden. Der kennt sich aus mit ängstlichen Flusstouristen. Etwas wackelig und mit Herzklopfen geht es für wenige Münzen fünf Meter aufwärts. Mit Bootshaken und einiger Kraft

Wenn gerade Strampelpause ist und das ohnehin gemächliche Schneckentempo zum Stillstand kommt, dann kehrt statt Alltagshektik Ruhe ein. Was strahlt der Fluss doch für eine natürliche Gelassenheit aus ...

wird die Schnecke beim Wassereinlassen vor schmerzhaften Berührungen mit der Mauer bewahrt. Bei einer Schleusung zu Tal wackelt das Boot in der Kammer fast gar nicht.

Zwangspausen müssen zum Glück nicht eingelegt werden, denn an Bord gibt es eine Toilette. Und sollten schon jetzt die ersten Wadenkrämpfe einsetzen und der anfängliche Ehrgeiz abgelegt sein, kann der Motor mit einem Ruck zum Rumpeln gebracht werden. Schließlich ist es nicht verboten, tuckernd im Schneckentempo auf Flussexpedition zu gehen. Man darf auch nicht unterschätzen, dass Wind und Strömung die Schubkraft des Kahns oft mehr beeinflussen als gewünscht. Die ersten Escargots mussten noch ohne Motor auskommen. Auch aus Sicherheitsgründen wurde aufgerüstet.

Spätestens wenn die Sonne untergeht, wird ein Nachtliegeplatz angesteuert. Nicht verzweifeln, die ersten Anlegemanöver sind noch etwas gewöhnungsbedürftig. Wenn die Taue festgezurrt sind, wird die Sitzecke zum Bett umgeklappt, und die Lieblingsdecke kommt zum Einsatz. Tipp: Mit einem Glas Wein an Deck als Sundowner können Romantik und Naturverbundenheit vor dem Schlafengehen nicht überboten werden. Seefest muss man übrigens für eine ruhige Nacht an Bord nicht sein, denn der Schaukelfaktor geht in der Waagerechten gen null. Wenn da nur nicht diese Froschkonzerte wären ...

Insgesamt 30 Flusskilometer zwischen Mülheim-Speldorf und Essen-Steele dürfen beradelt werden. An zwei Tagen mit einer Nacht im Wasserbett schafft man gemütlich die drei Schleusen bis zum Baldeneysee und zurück. Um Anlegestellen braucht man sich nicht zu sorgen, man muss sie nur ansteuern. Alleine gelingt so ein Manöver nicht, darum besteht eine perfekte Crew für die Flussfahrt aus zwei abenteuerlustigen und tretfreudigen Freunden, die weder pingelig noch wasserscheu sind. In der engen Kajüte kommt man sich zwangsläufig nah. Es gibt aber auch Luxus-Schnecken, in deren Häusern sogar vier Personen liegen können, plus Hund.

FAZIT: RAUS AUS DEM STÄDTEMIEF – RAUF AUFS WASSER. IDEAL FÜR ABENTEUERLUSTIGE HOBBYKAPITÄNE MIT STRAMMEN WADEN UND LUST AUF NATUR.

Hin & weg: Mit dem Bus ab Mülheim-Hauptbahnhof bis Schleuse Raffelberg + 10 Min. Fußweg. Die Grüne Flotte verleiht ihre Hausboote an der Hafenstraße 15, Mülheim (www.grüne-flotte.de). Es macht Sinn, die Ausrüstung mit dem PKW anzukarren.

Beste Zeit: Juni–August, dann sind die Tage lang und warm. Bei starkem Wind hilft auch der Motor nicht wirklich.

Dauer & Strecke: Möglich sind 30 Flusskilometer hin und zurück, dafür braucht man drei Tage. Von Speldorf bis nach Werden und zurück reichen zwei Tage.

Ausrüstung: Einem Campingurlaub ähnlich. Sportschuhe mit heller Sohle, Taschenlampe, Bettdecke und Kissen, Handtücher und genügend Proviant.

Wenn es Nacht wird: Mit der Schnecke anlegen und die Koje zum Schlafen umrüsten.

GLÜCKSOASE

... Lüdinghausen im Münsterland

#31

Die Steverstadt lockt nicht nur mit ihren Wasserburgen, beschaulichen Kanalpättkes und der typisch münsterländischen Parklandschaft. Wer sich in Lüdinghausen einquartiert, wird die vielzitierte Entschleunigung finden.

 #Glückssymbol #BauernladenKökelsum #KleeblattTouren #Wasserburgen #Steveraue

Romantische Wasserschlösser auf der Leeze erkunden. Dafür kann man sich gerne mal eine Auszeit gönnen.

Es ist kein Geheimtipp, dass man im Münsterland gemütlich aufs Rad steigen und sich mit reiner Muskelkraft in Bewegung setzen kann. Nur leichte Anhöhen stellen kurzzeitig sportliche Herausforderungen dar. Um sich im ausgeschilderten Tourendschungel nicht zu verlieren, folgt man einfach dem Glückssymbol. Vier Kleeblatt-Touren starten in Lüdinghausen und stellen verschiedene Naturschutzgebiete in den Mittelpunkt. Kulturelle Spots wie Wasserburgen, Mühlen und Prachtgärten werden dabei auch angesteuert. Und nicht ganz unwichtig: Zur Vervollständigung des Glücks sind selbstverständlich Zwischenstopps in Bauernhofcafés mit ländlich-romantischem Flair eingeplant.

Auch Untrainierte, die mit einem Leihrad in Lüdinghausen starten und gerne den Blick rechts und links des Weges schweifen lassen, schaffen problemlos die verkürzte blaue Kleeblattroute Stever Aue. Nach den beiden Burgen Lüdinghausen und Vischering wird der Dortmund-Ems-Kanal überquert, und weiter geht's durch die Felder zum »Duftimperium« Rosengarten in Seppenrade. Nur einen Häuserblock weiter staunt man über den weltweit größten Ammoniten. Als Nachguss steht das unfassbar große Fossil fast genau an seinem Fundort von 1895. Durch alte Buchen- und Eichenalleen radelt es sich besonders motiviert zum nächsten Ziel, dem Kökelsumer Bauernladen. Denn hier wird's richtig lecker. Die haus-

Wer's geselliger mag, besucht einen Markt und bleibt gleich über Nacht.

gemachte Stärkung sollte reichen, um nach einem Halt am europäischen Schutzgebiet Stever Aue den Endspurt nach Lüdinghausen anzutreten. In der Aue leben Heckrinder und Konik-Pferde, und im Frühjahr kann man das Klappern einer Storchenfamilie hören. Fast schnurgeradeaus kehrt man durch die Feldmark und am Dortmund-Ems-Kanal entlang nach Lüdinghausen zurück.

Wenn es der Muskelkater zulässt oder der Radelehrgeiz geweckt ist, gibt es für den nächsten Tag ein neues Kleeblatt. Oder man besucht die historische Blaudruckerei, schlawenzelt durch die Altstadt, kostet westfälisch geschmorte Ochsenbrust und Pumpernickel und besucht den Bauernmarkt im Innenhof der Burg Lüdinghausen (Veranstaltungskalender beachten).

Schon nach zwei Tagen Aufenthalt in der Münsterländer Oase der Ruhe, zwischen Bauernhöfen, Wasserburgen und Wiesen, nimmt man eine große Portion Entspannung und Entschleunigung von Lüdinghausen mit zurück in den Pott. Eine perfekte kleine Auszeit, um seelisch aufgetankt wie neu in die nächste Woche zu starten.

FAZIT: BEIM RADELN ZWISCHEN SCHLÖSSERN UND BAUERNHÖFEN ENERGIE UND SEELENBALSAM TANKEN.

Ob durch Parklandschaft oder Steveraue, Körper und Seele werden sich bedanken.

Hin & weg: Vom Bahnhof Lüdinghausen braucht man 20 Min. bis zum Fahrradverleih im Lüdinghaus, Lüdinghausen Marketing e. V., Borg 2.

Beste Zeit: Entspannung gibt es ganzjährig. Fahrradtouren im Winter sind Geschmackssache. Im Frühjahr sind die Rapsfelder echte Hingucker, im Sommer explodiert dafür das Rosenparadies in Seppenrade.

Dauer: 1–2 Tage und Nächte.

Ausrüstung: Das eigene Fahrrad mitbringen oder im Lüdinghaus bei der Lüdinghausen Marketing eine Leetze ausleihen (www.lhmarketing.de).

Wenn es Nacht wird: Mitten in der Altstadt bietet das charmante Stadthotel No. 11 sieben individuelle Zimmer zum Wohlfühlen an (www.no11hotel.de). Über eine steile Stiege erreicht man sein Schlafgemach im historischen Hotel Mutter Siepe im Nachbarort Seppenrade (www.muttersiepe.de). Im Traditionsrestaurant sollte ein Tisch reserviert werden. Weitere Hotels werden im Lüdinghaus vermittelt.

BIN IM GARTEN

... in Kleve

#32

Manchmal fühlt sich draußen wie drinnen an: In Parkanlagen, wo die Natur mal mehr, mal weniger gezähmt ist. Wo Blickachsen lenken und alles so schön arrangiert ist, dass man sich gern eine Bank sucht und still genießt. Wie in den historischen Klever Gärten.

#Blickachsen #KunstimKurhaus #Reichswald

Neben dem geometrischen Barockgarten von Johann-Moritz von Nassau-Siegen liegt der ursprüngliche Forstgarten mit seinen alten Bäumen. Im einstigen Kurhaus befindet sich ein Museum für moderne Kunst.

In elegantem Weiß und mit zurückhaltender Grandezza liegt es am Fuß des Springenbergs: das klassizistische Ensemble, heute Museum für moderne Kunst (www.museumkurhaus.de), einst jedoch Mittelpunkt eines regen Kurlebens in Kleve. Seit 1742 strömten Besucher nach »Bad Cleve«, gaben sich der Wirkung der heilenden Wässerchen hin und flanierten bei schlechtem Wetter in der Wandelhalle des 1872 erbauten Friedrich-Wilhelm-Bads. Weit erquicklicher war schon damals ein Spaziergang an der frischen Luft. Und dazu boten die vis-à-vis dem Kurhaus angelegten Gärten, die übrigens noch ein ganzes Jahrhundert älter und so herrlich barock sind, beste Gelegenheit. Auf den Spuren der Kurgäste wandelt es sich gut. Beginnend am Amphitheater, das gleich neben dem Kur-

Einst sollte der Kanal Kleve mit dem nahen Rhein verbinden. Heute ist er Teil des Barockgartens und das Zuhause für Heerscharen frecher Möwen, die sich kaum von den Spaziergängern stören lassen.

haus so majestätisch über einer Flucht von Terrassen thront. In deren Wasserbassins spiegelt sich himmlisches Wolkenspiel. Und auch im 600 Meter langen Kanal, der nach dem Willen von Johann-Moritz von Nassau-Siegen – Statthalter und Planer der Gärten – Kleve mit dem Rhein verbinden sollte. Ganz so weit reicht der künstliche Wasserweg zwar nicht, die Sicht jedoch schon in gerader Achse über die Rheinebene – in die sich auch die unbedingt sehenswerten Rinderschen Kolke schmiegen – hinaus und bis zum Eltenberg jenseits des Stroms.

Die Symmetrie der Anlage hat eine ungemein meditative Wirkung. Wer nun hinabsteigt, um den Fritz-Moritz-Kanal entlangzugehen, der fühlt sich ganz schnell zu einer der zahlreichen Bänke hingezogen: Platz nehmen und die Ruhe genießen, Wasservögel beobachten oder den Möwen bei ihren Kunststückchen in der Luft zuschauen.

Kinder lieben den Tiergarten am Kanal. Die Großen umrunden das Wasser und spazieren hinein in den Forstgarten, den jüngeren und wilderen Teil der Gartenanlage. Auch hier wurde gestaltet, doch nichts ist geradlinig. Zwischen Wegen und Gewässern erheben

---

Hin & weg: Parkplatz Tiergarten Kleve oder mit dem Bus bis Haltestelle Museum Kurhaus Kleve.

Dauer & Strecke: In 1–1,5 Std. (3 km) entspannt durch die historischen Gärten spazieren.

Beste Zeit: Frühjahr bis Herbst.

Ausrüstung: Festes Schuhwerk für den Reichswald.

Wenn es Nacht wird: Schlafen unter Holzbalken im charmanten B&B Reveille (www.bb-reveille.com). Verleih von E-Bikes für weitere Eskapaden.

sich Baumriesen und ducken sich seltene Gehölze, die auf Infotafeln näher beschrieben sind. Der Forstgarten entlässt den Besucher direkt vor dem Kurhaus. Kunstsinnige besuchen dort die Sammlung Ewald Mataré oder eine der wechselnden Ausstellungen. Wanderwütige hingegen schnüren schnell die Schuhe und tauchen ein ins Auf und Ab des Klever Reichswalds. Gleich hinterm Amphitheater kann man sich ins Gebüsch schlagen oder aber etwas kontemplativer den benachbarten Hügel mit der geschichtsträchtigen Schwanenburg erklimmen.

Tipp: Mit der Draisine alten Schienenwegen folgen (www.grenzland-draisine.eu). Ab Kleve bis Kranenburg oder sogar weiter ins niederländische Groesbeek. Angetrieben per eigener Muskelkraft und doch ungemein entspannend!

FAZIT: UMGEBEN VON ÜPPIGER NATUR UND MODERNER KUNST AUF HISTORISCHEN PFADEN WANDELN. BEIDES IST SCHÖN!

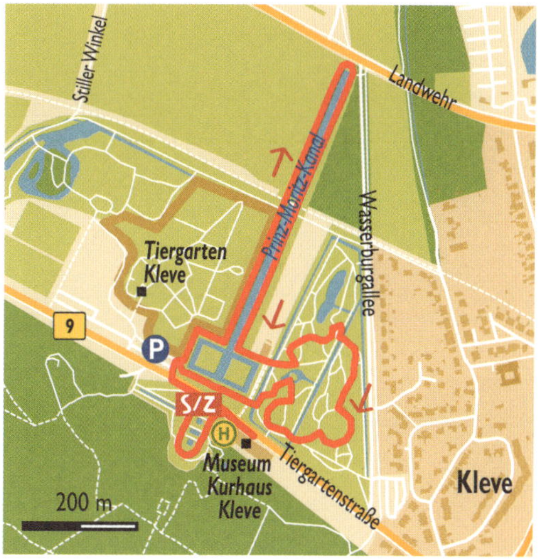

MITTELALTER INKLUSIVE

... im Teutoburger Wald

#33

Ein historischer Stadtkern mit mittelalterlichen Fachwerkhäuschen und die aussichtsreiche Lage auf dem Höhenzug des Teutoburger Waldes – Tecklenburg ist das nördlichste Bergstädtchen Deutschlands und das charmanteste des Münsterlandes.

#Burg #Berg #altundschön #gemütlich

Wie es sich für eine mittelalterliche Stadt gehört, ist der Marktplatz der unangefochtene Mittelpunkt Tecklenburgs. Auch wenn der Brunnen, der hier an zentraler Stelle plätschert, aus den 1970er-Jahren stammt und nicht jedem Bewohner gleichermaßen gefällt, ist hier ein idealer Treff- und Ausgangspunkt für alle Stadtbesichtigungen, Museumsbesuche oder Touren in die hügelige Landschaft des Teutos.

Rund um den Platz herrscht jeden Tag im Jahr gemütliche Ferienstimmung, da die Geschäfte

für die Touristen auch am Sonntag geöffnet haben. Im Café treffen sich Radler, Wanderer und Ausflügler. Die Aussichten sind rundum gut, denn ein Fachwerkhaus schmiegt sich ans nächste.

Über eine kleine Treppe gelangt man zur Touristeninformation, die direkt vis-à-vis dem Café am Markplatz liegt und bei der man auch die Flyer zum wunderschönen Wanderweg Hexenpfad bekommt.

Ruhig geht es zu in Tecklenburg. Wenn allerdings die Besucherströme immer dichter werden, könnte es sein, dass auf der Freilichtbühne gespielt wird. Denn Tecklenburg ist nicht nur Luft- und Kneippkurort, es darf sich seit einigen Jahren auch offiziell Festspielstadt nennen. Mit seiner Freilichtbühne (2300 Sitzplätze) ist der 9000-Einwohner-Ort ein echter Besuchermagnet. Die Bühne

Tecklenburger Traube. Auf dem Burgberg gibt es einen kleinen Weinberg in steiler Terrassenlage. Aus den süßen Trauben werden die Sorten Regent und Müller-Thurgau.

in Tecklenburg ist nicht nur das größte Freilichtmusiktheater Deutschlands, sie hat auch sicher eine der schönsten Kulissen. Die Schauspieler und Sänger spielen auf einer Bühne, die in die Burgruine der Burg Tecklenburg integriert ist. Traditionell bringen die Besucher übrigens Sitzkissen, Wein und kleine Leckereien mit. Sie mögen es eben, wie es hier überall ist: entspannt.

Wer sich für Kunst, Kultur und Geschichte interessiert, findet in Tecklenburg einige Museen, Kunsthandwerksgeschäfte oder Ateliers, in denen er sich umschauen kann.

Tipp: Ein Besuch des Puppenmuseums und des Otto-Modersohn-Museums mit einer Landschaftsbildersammlung lohnt sich.

FAZIT: CHARMANTES UND ENTSPANNTES BERGÖRTCHEN MIT VIELEN MÖGLICHKEITEN.

Hin & weg: Mit dem Auto über die A1 oder A30 zum Parkplatz Münsterlandblick, Am Weingarten 25, 49545 Tecklenburg.

Dauer: 1–2 Nächte. Wer wandern oder Rad fahren möchte, sollte besser 2 Nächte einplanen, da es so viel zu entdecken gibt.

Beste Zeit: Im Herbst oder Winter: Dann ist es inmitten der Altstadt besonders gemütlich.

Ausrüstung: Alles Nötige für eine Übernachtung.

Wenn es Nacht wird: Die Jugendherberge direkt neben der Freilichtbühne liegt hoch oben und altstadtnah. Sie ist – natürlich – ein Fachwerkhaus (www.tecklenburg.jugendherberge.de).

HOCH HINAUS

… südlich von Bonn

#34

Bergsteigen, das bedeutet Abenteuer, Bewegung für den ganzen Körper, viel frische Luft und immer wieder weite Sicht. NRWler sind ja eher als Flachländer bekannt. Da ist es gar nicht so einfach, der Bergersteiger-Lust zu frönen. Doch es gibt sie auch hier: Gesteine, die den Wanderer in den Himmel tragen.

#teuflischgut #engelsgleich #WanderschuheimEinsatz #schwindelfrei?

Wanderung zum Teufelsloch! Hier ist die Alte durchgeflogen.

Das Bergsteiger-Mekka Altenahr liegt gerade einmal 50 Kilometer von Köln entfernt und ist doch eine ganz andere Welt. Weinreben, Wiesen, Wälder, Flüsse und Berge, richtige Berge! Da schlägt das Herz höher, denn so atemberaubende Ausblicke und sagenumwobene Felsformationen hat man nun wirklich nicht oft in NRW. Hier befinden sich der Berg Schrock, die Engelsley und Teufelsley.

Eine Wanderung lohnt sich auch zum Teufelsloch. Was das ist? Nun, der Teufel besuchte einst das Tal der Ahr und verliebte sich direkt in die Leute und in den guten Wein. Eines Tages dann auch in ein wunderschönes Mädchen. Doch als er das Mädchen in den Armen hielt, verwandelte es sich zurück in eine alte Frau. Der Teufel war getäuscht worden! Darüber war er so verärgert, dass er die Alte durch einen Felsen hindurch ins Tal schleuderte. So entstand das Teufelsloch, ein Fenster im Fels. Zu dem man heute hochwandern kann.

Doch mit dem Bergsteigen sollte man es langsam angehen lassen. Bis eine vertrauensvolle Freundschaft zu den Bergen entstanden ist, braucht es ein wenig Zeit – aber vor allem auch eine gute Planung, da viele Städter das Klettern nicht gewohnt sind. Am besten hört man sich mal im Bekanntenkreis um, denn hier sollte man auf keinen Fall ganz alleine wandern. Auch die Wetterlage muss beachtet werden, bei Regen besteht Rutschgefahr.

Doch nun keine Angst! Das Ahrtal ist auch auf den ungeübten Wanderer eingestellt, es gibt zahlreiche geführte Touren und auch leichte Routen. Gut informieren kann man sich auf der Webseite der Stadt Altenahr. Oder man kommt direkt im Outdoor-Mekka unter, dem

Ausblicke und Baumfreunde – es gibt viel zu genießen in Altenahr!

Steinerberghaus. Hier kann man übernachten oder zumindest einmal etwas schmausen, auf der Terrasse. Der Blick von hier oben reicht weit, bis auf die Hohe Acht, auf den Aremberg, auf den Rheinbacher Stadtwald und die Grafschaft – umwerfend!

FAZIT: HOCHKRAXELN UND DANN STOLZ ZURÜCK NACH UNTEN BLICKEN – GIBT ES ETWAS SCHÖNERES?!

Hin & weg: Mit dem RB oder IC über Remagen zum Bahnhof Altenahr.

Beste Zeit: April–Oktober.

Dauer & Strecke: Für den 12 km langen Rundweg zum Teufelsloch und Schrock braucht man 4–5 Stunden; bei dem Allerlei an Touren kann man hier aber locker zwei Tage füllen, oder sogar eine Woche.

Ausrüstung: Feste Schuhe mit Profil, etwas Mut und weitere Infos, z. B. von www.altenahr-ahr.de

Wenn es Nacht wird: Das Steinerberghaus (www.steinerberghaus.de) hilft beim Organisieren von Wandertouren und liegt so hoch, dass der Panoramablick aus jedem Zimmer garantiert ist!

DER WEG IST DAS ZIEL

... in der Vulkaneifel

#35

Esel sind freundliche Tiere, verlässlich, geduldig und gutmütig. Und Eselwandern ist eine der schönsten Formen der Entschleunigung. Manche Menschen behaupten gar, es sei wie ein langes, langes Ommm ...

#unterwegsmitEsel #entschleunigen #Weggefährte #Zeitgeschenk

Jahrtausende lang war der Esel ein geduldiger, anspruchsloser Begleiter des Menschen. Hier ist es eher umgekehrt: Der Mensch begleitet den Esel. Und das ergibt ebenfalls Sinn.

Es ist Sonntagvormittag und im ehemaligen Forsthaus von Bongard trifft eine erste Gruppe zum Eselwandern ein. Alle bekommen eine Bürste in die Hand und nehmen, während Petra Landsberg eine kleine Einführung zum Eselwandern gibt, schon mal einen ersten Kontakt mit den Eseln auf. Das Fell sieht struppig aus, fühlt sich aber erstaunlich angenehm und weich an. Esel lieben es, gebürstet und gestreichelt zu werden!

Bei der Einführung geht es natürlich auch um eine Kerneigenschaft, die den Vierbeinern zugesprochen wird: Sind Esel störrisch? Und warum bleiben sie manchmal einfach stehen? Wenn man Petra Landsberg zuhört, ist

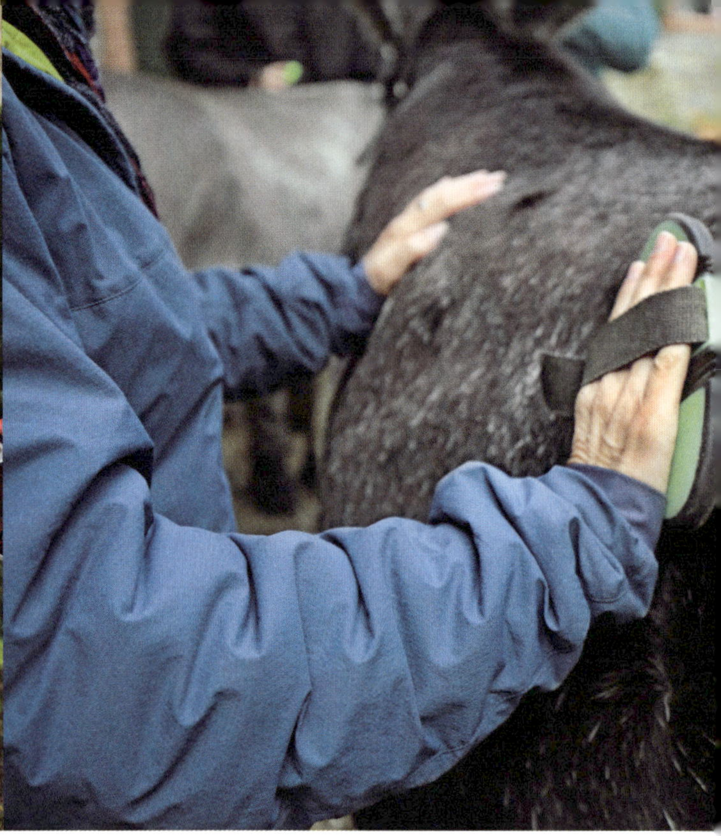

eigentlich alles sehr einfach und durchaus logisch. Unter Eseln gibt es kein Alphatier – und manchmal sind sie einfach anderer Meinung als der Mensch. Ihre Vorfahren stammen aus der Wüste, weshalb sie beispielsweise auch heute noch ausgesprochen wasserscheu sind. Kein Wunder, dass sie sich weigern, durch Pfützen zu gehen.

Die Nr. 1 in der Welt des Esels ist frisches Gras. Lässt man den Graubeiner unterwegs Gras fressen, kann das ein ganz schönes Weilchen dauern, weil er dann erst mal nichts anderes möchte. Petras Tipps: einen Esel immer so führen, dass er in der Mitte des Wegs geht, und die Aufmerksamkeit beim Spazierengehen immer auf den Esel lenken. Löst sie sich von ihm, macht er, was er will. Dann ist es auch schwierig, ihn wieder auf Spur zu bringen. Auf Druck reagiert ein Esel immer mit Gegendruck.

Für Notfälle bekommen die Teilnehmer ein paar Möhrchen mit auf den Weg und Petras Handynummer. Ein Zeitlimit für die Wanderung gibt es nicht. Eseln ist die Hektik unserer modernen Welt fremd und mit ihnen entschleunigt sich alles ganz von alleine. Ihre Freundlichkeit und ihr stoischer Gleichmut übertragen sich direkt auf die Menschen.

Hin & weg: Eselwandern Eifel, Petra Landsberg, Am Barsberg 14, Bongard (www.eselwandern-eifel.de).

Beste Zeit: Frühling, Sommer, Herbst.

Dauer: 1 Tag oder 1 Wochenende.

Ausrüstung: Picknick für unterwegs (trägt der Esel).

Wenn es Nacht wird: Auf dem Hofgelände von Petra Landsberg gibt es zwei Schäferwagen für Übernachtungen, die in Verbindung mit der Eselwanderung angemietet werden können. Tel. 02692 9326773, Mindestaufenthalt: zwei Nächte.

Das Fell der Esel fühlt sich weich und angenehm an – so tut die obligatorische Fellpflege beiden Seiten gut (links). Das ehemalige Forsthaus von Petra Landsberg liegt am Waldrand.

Wenn sie stehen bleiben, hören sie dann mit ihren großen Ohren besondere Geräusche? Man hält ebenfalls inne und lauscht in die Umgebung. Die Pausen sind ein Zeitgeschenk und nach und nach bekommt die Wanderung etwas sehr Meditatives.

Jahrtausendelang begleiteten Esel den Menschen als Nutz- und Lastentiere. Theoretisch ist diese Ära in unserer westlichen Zivilisation beendet. Doch da scheint eine Lücke entstanden zu sein – vielleicht brauchen wir diese Tiere noch auf eine ganz andere Art und Weise? Petra Landsberg erzählt, dass viele Leute immer wieder kommen, eine Teilnehmerin hat bereits elf Eselwanderungen mitgemacht. Großmeister der Verlangsamung sind Esel auf jeden Fall.

FAZIT: ESEL SIND FREUNDLICHE WEGGEFÄHRTEN, TRAGEN OHNE MURREN DAS GEPÄCK. ES GESCHIEHT ABER NOCH MEHR. SIE LASSEN UNS TEILHABEN AN IHREM RHYTHMUS UND DAS TUT EINFACH GUT.

3. KAPITEL IM SÜDEN

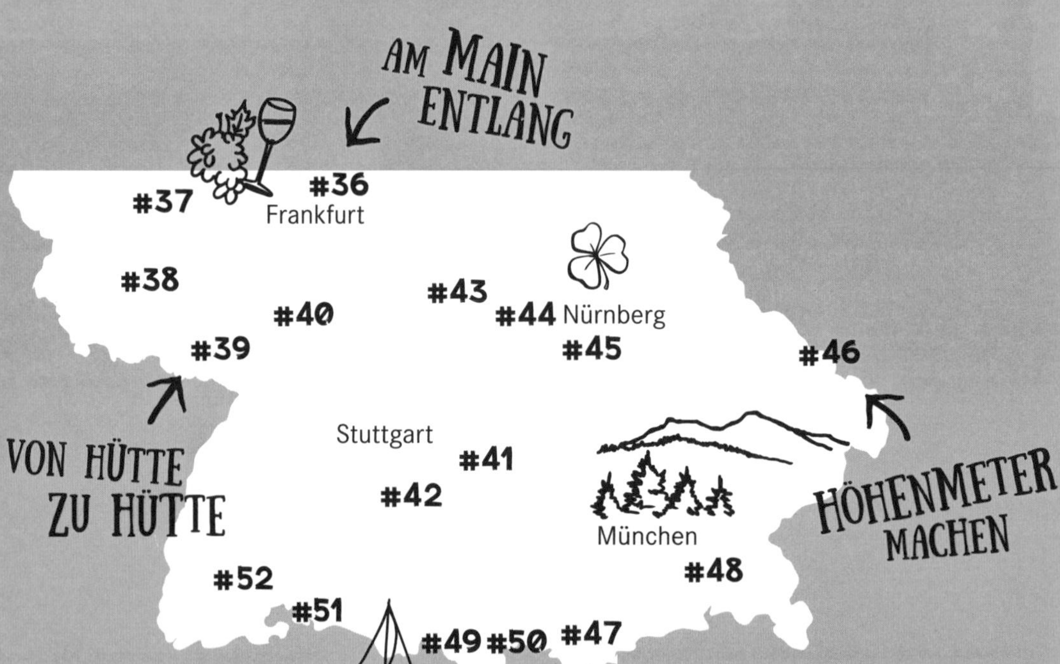

Aktiv entspannen

Entlang von Kanälen, auf hohen Gipfeln, auf zwei Rädern oder mit dem Paddel zu Wasser – abwechlungsreiche Draußen-Erlebnisse und Wochenenden stehen bevor.

Stadt genannt, da ich meine

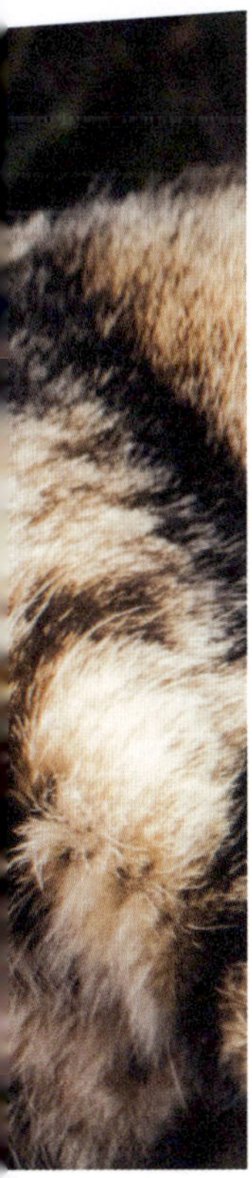

EAT, PRAY, CYCLE

... von Offenbach nach Seligenstadt

#36

Die Osterglocken blühen und die ersten Eisdielen öffnen ihre Theken? Wenn der Frühling anklopft, ist es höchste Zeit, das Rad fit zu machen für eine erste Ausfahrt. Mit dem Fahrtwind im Gesicht geht es 32 Kilometer ganz entspannt von Offenbach nach Seligenstadt. Eine zweitägige Genussradtour entlang des Mains.

#Genussradeln #Klostergarten #IceIceBaby #DolceVita #mainwärts

Immer dem Main ganz nah radelt man von Offenbach nach Seligenstadt. Hier geht's zu Fuß weiter, durch die entzückende Altstadt und den Klostergarten.

»Offenbach am Meer« nennen die Einwohner liebevoll ihre kleine Metropole. Von hier startet die Radtour, und sie führt ohne strapaziöse Höhenmeter stromaufwärts. Ein toller Nebeneffekt: Da der Main den Weg weist, braucht man nicht einmal eine Karte. Nach gut neun Kilometern lädt ein Bootshaus zu einer ersten Kaffeepause ein. Frisch gestärkt steht den verbliebenen 23 Kilometern bis zum heutigen Tagesziel nichts mehr im Weg. Main, Main,

Main ... und schon von Weitem kündigt die Kuppel einer ehemaligen Benediktinerabtei das Ziel an: Seligenstadt.

Fast 1000 Jahre lang lebten und arbeiteten Mönche in diesem Kloster – eine Besichtigung lohnt sich ebenso wie ein Streifzug durch die Altstadt mit ihren verwinkelten Gässchen und gut erhaltenen Fachwerkhäusern. Zurück im Klostergarten, ist eine eisige Belohnung angesagt. Unter den weißen Schirmen des Cafés der Benediktinerabtei schmecken die Eisbecher besonders lecker.

Seligenstadt trumpft gleich mit einer ganzen Reihe von Wohlfühloasen auf, die sich ganz bescheiden als Hotels ausgeben. Toll ist zum Beispiel das Main Chateau in der Altstadt – und noch dazu liegt es direkt am Wasser.

Hach, die Trennung fällt schwer. Also am nächsten Morgen gleich noch einmal eine Runde durch die historischen Gässchen drehen, sich treiben lassen. Dann geht's auf derselben Strecke zurück. Flussabwärts und die Sonne im Rücken. Ein goldener Schimmer legt sich gegen Nachmittag über die Wiesen und Felder. Durch die Trauerweide glitzert der Main.

Als Ausklang vielleicht noch nett einkehren? Möglichkeiten bieten sich zuhauf. Im Bootshaus Bürgel können sich Radler den Bauch mit griechischer Küche vollschlagen, 2,5 Kilometer vor Offenbach (www.bootshaus-buergel.eu). Wer die Radtour lieber ganz im Zeichen des Mains beendet, sucht das kultige Bembelboot und schlürft seinen Apfelwein direkt am Wasser. Dazu gibt's die typische Frankfurter Grüne Soße oder Handkäs mit Musik.

FAZIT: ENTSPANNTE WOCHENENDRADTOUR MIT ZAHLREICHEN GENUSSMOMENTEN.

Hin & weg: Mit der S-Bahn von Frankfurt-Hauptbahnhof bis Offenbach-Ledermuseum. Von hier sind es nur wenige Meter bis zum Mainradweg.

Beste Zeit: In der Eiscreme-Saison.

Dauer & Strecke: 1,5–2 volle Tage sollte man für die 64 km Hin- und Rückweg einplanen.

Ausrüstung: Ein Fahrrad und etwas Geld für kulinarische Genüsse entlang des Weges.

Wenn es Nacht wird: Schlafen in individuell eingerichteten Zimmern, die allesamt Namen aus der Geschichte Seligenstadts tragen, kann man im Main Chateau (www.mainchateau.eu). Highlight ist die Sommerterrasse mit Mainblick.

IMMER DER MUSCHEL NACH

… auf dem Mosel-Camino

#37

Ob aus religiösen Gründen, sportlichem Ehrgeiz oder purer Neugierde – beim Pilgern auf dem Jakobsweg ist der Weg das Ziel. Einfach mal zur Probe der gelben Muschel vor blauem Hintergrund in Richtung Santiago de Compostela folgen. Zu Fuß. Zwei Tage lang. Zwischen Koblenz und Trier.

#aufderSuche #bindannmalweg #PilgernfürAnfänger

Beim Pilgern suchen manche nach dem Sinn des Lebens. Andere verarbeiten vielleicht einen Schicksalsschlag, brauchen Zeit zum Nachdenken oder wollen einfach dem Alltagstrott für eine Weile entfliehen. Hier gibt es keine Termine und Verpflichtungen. Die einzige Aufgabe besteht darin, einen Fuß vor den anderen zu setzen.

Zuerst ist eine Bundesstraße zu überqueren, dann folgt der erste steile Anstieg – eine harte Probe. Bis zum Etappenziel sind es etliche Höhenkilometer, die hinauf in den Hunsrück oder die Eifel führen, die Mosel als Wegbegleiter. Der Weg verläuft durch enge Täler, Weinberge, an Kirchen, Burgen und Schlössern vorbei und durch gesellige Winzerorte. Waldwege sind eine Wohltat, Pflastersteine und Asphalt eine Qual. Glaube und Willenskraft? Förderlich.

Ungefähr 160 Kilometer lang ist der Mosel-Camino. Der Startpunkt befindet sich in Koblenz-Stolzenfels, das Ziel ist das Apostelgrab

---

Hin & weg: 160 km Fernwanderweg, 8 Tagesetappen, alle mit öffentlichen Verkehrsmitteln erreichbar (Fahrpläne auf www.vrt-info.de).

Beste Zeit: Ganzjährig. Im Sommer ist es die Hitze, im Winter die Nässe, die das Pilgern erschwert.

Dauer & Strecke: Mind. 2 Tage. Die Etappen sind zwischen 14 und 26 km lang. Gehzeiten zwischen 5 und 8 Std. Hier beschrieben: Etappe 4 (7–8 Std., 23,5 km) und Etappe 5 (5–6 Std., 17,5 km).

Ausrüstung: Eingelaufene Wanderschuhe, leichtes Gepäck, Sonnenschutz, Ohrstöpsel, Blasenpflaster. Fürs Gefühl: Pilgerausweis.

Wenn es Nacht wird: Klöster, Bildungsstätten, Jugend- und Pilgerherbergen heißen Pilger willkommen es gibt auch hundefreundliche Unterkünfte (Infos zum Mosel-Camino mit Etappen und Unterkunftsvorschlägen auf www.mosel-camino.info).

Es muss ja nicht gleich Santiago de Compostela sein. Fürs Erste der gelben Muschel auf dem Mosel-Camino und den Pflastersteinen folgen, hier mit Blick auf die Burgruine Landshut in Bernkastel-Kues.

des heiligen Matthias in Trier. Ein paar Extrakilometer sind jederzeit möglich, beispielsweise zur Burg Eltz oder zu einer Weinprobe. Zum ersten Testen eignet sich der Abschnitt zwischen Bullay und Monzel ganz gut. Übernachtet wird in der Pilgerherberge Alte Lateinschule in Traben-Trarbach (www.altelateinschule.com).

Am besten schon am Vorabend nach Bullay reisen. So steht einem ausgeschlafenen Start am nächsten Tag nichts im Weg – auch keine Zugverspätung. Es sind immerhin 23 Kilometer bis zum Nachtquartier. Früh losziehen ist ratsam, damit sich Körper und Geist auf das Vorhaben einstellen können.

In Bullay geht es zunächst über die Doppelstockbrücke auf die andere Moselseite. Dem markierten ansteigenden Weg hinauf zur Marienburg folgen oder gleich in die Vollen und durch die »Hölle« – zum Glück nur ein Weinberg – hinauf zum Prinzenkopfturm gehen. Die Aussicht auf die Zeller Moselschleife ist grandios.

Der Aufstieg in den Hunsrück auf 409 Meter Höhe ist knackig. Aber in Wald und Weinbergen lässt sich fern vom weltlichen Trubel am Fluss durchatmen. Durch die »Himmelspforte« schreiten, um den freien Blick auf die Grevenburg und die Stadtteile Traben und Trarbach zu genießen. Die Pilgerherberge ist ein ruhiger Ort direkt neben der Kirche. Bei einem Glas Riesling und Lagerfeuer ergeben sich Gespräche mit Gleichgesinnten und Bettnachbarn wie von selbst. Geschlafen wird gemeinsam auf dem Dachboden.

Was machen die Füße? Wie steht es um den Muskelkater? Alles halb so wild, oder? Das stärkende Frühstück am nächsten Morgen ist jedenfalls nötig. 300 Höhenmeter auf den ersten drei Kilometern – die heutige Etappe startet gleich sportlich. Doch nach Bernkastel-Kues ist dies der kürzeste Weg, und man schafft es einmal über den Berg in sechs Kilometern anstatt in 23.

In Bernkastels Altstadtkern mit pittoresken Fachwerkhäusern und Weinstuben fällt das Loseisen schwer. Vielleicht ist man aber auch ganz bei sich und möchte immer weiterlaufen? Bis Monzel sind es rund elf – weitgehend flache – Kilometer an der Mosel entlang mit einem kurzen Anstieg zum Schluss.

FAZIT: MEHR ALS ZWEI GESUNDE FÜSSE BRAUCHT ES NICHT, UM DIE PERSÖNLICHE SUCHE AUF DEM PILGERWEG ZU STARTEN.

EIN BISSCHEN WIE AM MEER

… am Bostalsee im Saarland

#38

Auf dem Strandtuch in der Sonne dösen. Sand zwischen den Zehen spüren. Segelbooten beim Schippern zuschauen. Bücher wälzen. Das Meer ist 500 Kilometer entfernt, doch am größten Freizeitsee Südwestdeutschlands im Norden des Saarlandes kommt Urlaubsstimmung auf.

 #UrlaubamWasser #Seezeit #Sommerspaß #SchwimmenWandernRadfahrenLesen

Sundowner: Abendstimmung am Bostalsee.

Was steht heute an? Kein Plan. Ein tolles Gefühl! Ausschlafen. Frühstücken. Badetuch, Schwimmsachen, Sonnenbrille und ein Buch einpacken und ab ans Wasser, um den persönlichen Lieblingsplatz zu finden. Das fällt nicht leicht, es gibt so viele schöne Fleckchen am 120 Hektar großen Stausee.

Der Wanderweg rund um den See ist 6,8 Kilometer lang, der Radweg etwas länger. Sie führen von Strandbad zu Strandbad. Eines davon liegt im Westen, in Bosen, das andere im Osten, in Gonnesweiler. Wo es einem gefällt, erst mal auf der Liegewiese ausbreiten. Eine Runde im tiefblauen See schwimmen. Den Beachvolleyball übers Netz schmettern. Sandburgen bauen. Ins rote Tretboot, den Schwan oder doch das Ruderboot steigen? Egal, Hauptsache, raus auf den See und den Blick übers Wasser schweifen lassen, über Ferienhäuser, Windräder, die Staumauer. Stand-Up-Paddlern beim Gleiten übers Wasser zuschauen. Die ersten Fahrversuche mit der Jolle beobachten. Stimmt, Segelboote

Beim Miniurlaub am See ist für alles gesorgt.

leihen geht auch, sowohl zum Schnuppern für ein paar Stündchen als auch für ein ganzes Wochenende. Backbord, Steuerbord, Beiholer, Peerd - Segelsprache lernen inklusive.

Wem es zu trubelig wird, der kann sich auf Nordic-Walking-Routen, Fahrrad- und MTB-Strecken ausklinken. Auf Wanderwegen lässt sich das Umland mit seinen Wäldern, Bergen und reizenden Dörfern entdecken. Auf der Straße der Skulpturen gibt es Kunst zu bewundern. Zwischen Sankt Wendel, dem Bostalsee und Priesberg liegt eine Open-Air-Galerie mit 58 Kunstwerken, verteilt auf 21 Kilometer. Dafür braucht es einen halben Tag zu Fuß oder zwei Stunden mit dem Rad.

Selbst kreativ sein und sich im Töpfern, Malen oder Kunstschmieden ausprobieren kann man im Kunstzentrum Bosener Mühle (www.bosener-muehle.de). Kaffee und köstliche selbst gebackenen Kuchen gibt's gleich nebenan im Kunst- und Kulturcafé (www.kunst-kulturcafe.de).

Gegen Abend wird es ruhiger auf dem Wasser. Dafür füllen sich die Gastrobetriebe rund um den See. Verhungern muss niemand, nur die Auswahl fällt schwer. Kiosk, Brasserie, Restaurant und Strandbar - alles da. Anschließend satt und zufrieden in die Falle hüpfen, um fit für den nächsten Tag zu sein. Was dann ansteht? Kein Plan. Einfach nach Lust und Laune nachholen, wofür man am Tag zuvor zu faul war - oder sich noch einen Tag an den See lümmeln.

Tipp: Von Oktober bis Ostern geht es hier viel ruhiger und entspannter zu. Wassersportler bleiben zu Hause, Ruhesuchende kommen. Dann heißt es: dick einmummeln, um den See spazieren und sich abends in exklusivem Ambiente aufwärmen. Infinity-Pool, Innen- und Außensauna, Massagen, Peelings und weitere Wellnessanwendungen bietet das Spa der Seezeitlodge auch externen Gästen (Montag bis Freitag, Anmeldung über www.seezeitlodge-bostalsee.de). Schöner könnte man die Zeit bis zum nächsten Sprung in den See wohl nicht überbrücken.

FAZIT: BADEN, WANDERN, RADFAHREN. DER BOSTALSEE IST DAS PERFEKTE ZIEL FÜR EINEN KURZURLAUB.

Tretboot oder doch lieber Segelboot? Oder beides nacheinander? Bootsverleiher und Strandbäder lassen echte Urlaubsstimmung aufkommen.

Hin & weg: Das Auto bleibt daheim. Mit dem Saarland- oder Rheinland-Pfalz-Ticket der Deutschen Bahn geht es nach Türkismühle. Der See ist 3 km entfernt. Das ist zu Fuß mit kleinem Reiserucksack gut machbar. Auch ein Bus steuert auf der Strecke Nohfelden-Türkismühle-Bosen-Selbach die wichtigsten Standorte am See an.

Beste Zeit: Ganzjährig. Wassersport am besten von Mai bis Oktober. Besonders schön sind Wanderungen im Herbst durch den bunten Laubwald.

Dauer: Mindestens ein Wochenende, besser ein verlängertes.

Ausrüstung: Einen kleinen Tourenrucksack mit allem, was man für einen Kurztrip ans Wasser braucht. Ein gutes Buch nicht vergessen. Wenn das eigene Rad zu Hause bleibt, Bosiland und Center Parcs Bostalsee verleihen diverse Radmodelle.

Wenn es Nacht wird: Campingplatz, Familienresort, Designhotel - je nach Geschmack und Geldbeutel finden sich zahlreiche Unterkünfte (Infos auf www.bostalsee.de).

VON HÜTTE ZU HÜTTE

… in der Südwestpfalz

#39

Raus aus dem Alltag und für ein paar Tage mal ganz anders leben – Rucksackwanderer mit Kondition und Outdoor-Mentalität wissen, dass eine Hüttentour dafür genau das Richtige ist. Die Südwestpfalz hat die Hütten, die landschaftlichen Höhepunkte und die Ruhe, die es dafür braucht.

Die meisten Hütten des Pfälzerwald-Vereins sind auf Tagesgäste eingerichtet, einige bieten jedoch auch Übernachtungsmöglichkeiten an. Zeitige Anmeldung ist Pflicht, der Übernachtungsservice wird meist nur geboten, wenn zwei Handvoll Gäste zusammenkommen. Warum also nicht gleich mit einer größeren Gruppe planen?

Der erste Tag beginnt mit einer spektakulären Runde um den Dahner Ortsteil Gerstel. Zunächst vertraut man sich dem Elwetritsche-

Vom Römerfels hat man den wohl spektakulärsten Blick auf die Burgruine Altdahn, dahinter identifizieren Gebietskenner den Heidenberg und den Bobenthaler Knopf.

weg an, der sich dem skurrilen Pfälzer Fabelwesen widmet. Er beginnt einen Steinwurf vom Bahnhof entfernt am Ortseingang von Dahn und führt über den Bubenfelsen zum Römerfels, der mit seiner gewagten Leiter und exponierten Aussichtsplattform ein dickes Ausrufezeichen setzt.

Auf dem Dahner Rundwanderweg geht es über urwüchsige Kammpfade zum Wahrzeichen des Felsenlands, dem mächtigen Felsenschiff des Jungfernsprungs. Danach gönnt man sich unten im Dorf ein Eis und schlendert dann Richtung Felsland Badeparadies (www.felsland-badeparadies.de). Lust auf Schwimmen oder Saunieren, bevor man sich am Campingplatz Büttelwoog vorbei zum Nachtquartier in der Dahner Hütte aufmacht?

Anderntags führt die Wanderung zunächst Richtung Lemberg. Durch das Naturschutzgebiet Moosbachtal geht es ins Salzbachtal und weiter zum Klosterbrünnchen, wo man an einem verträumten Schutzhüttchen rasten kann. Für mehr als eine Stunde gilt nun das blaue Logo des Graf-Heinrich-Wegs. Zwei Aussichtspunkte, ein Fernblickfelsen und ein abwechslungsreicher Bergkamm liegen auf dem Weg zum Ruppertsfelsen, einem früheren Spähposten der Burg Lemberg. Nun ein kurzes Stück zurück und mit dem grünen Dreieck zur zweiten Hüttenübernachtung im Waldhaus Starkenbrunnen.

Der letzte Tag steht ganz im Zeichen der Märchenwälder von Pirmasens. Der Premiumweg Felsenwaldtour führt auf samtweichen Pfaden an vielen kleineren Sandsteinwundern vorbei zum Eisweiher vor den Toren der Schuhstadt. Hier lässt man sich von Spaziergängern oder Anglern den Weg zum PLUB erklären. Keine schlechte Idee, die Tour in diesem sympathischen Schwimmbad im Herzen der Stadt ausklingen zu lassen, bevor es per Bus zum Pirmasenser Bahnhof geht.

Tipp: Bei wenig Zeit am Anreisetag kann man in anderthalb Stunden zur Dahner Hütte laufen, indem man kurz den Wieslautertal-Radweg nordwärts und dann den Weg über die Burgruine Neudahn nimmt. Wer nur eine Zweitagestour machen möchte, verzichtet auf die Übernachtung im Waldhaus Starkenbrunnen und geht stattdessen eine halbe Stunde weiter zur Bushaltestelle in Pirmasens-Ruhbank.

FAZIT: SÜDWESTPFALZ-STREIFZUG MIT SPEKTAKULÄREREN UND RUHIGEREN PASSAGEN, DAZU ZÜNFTIGE HÜTTENNÄCHTE!

Hin & weg: Bahnhof Hinterweidenthal, mit dem Bus nach Dahn, Haltestelle Bahnhof, Ziel ist Pirmasens. Rückkehr mit dem Zug nach Dahn.

Beste Zeit: Mitte April–Mitte November.

Dauer & Strecke: Komplette Tour 2,5 Tage, 9–10 Std. Gehzeit, 35 km, 990 hm.

Ausrüstung: Wanderschuhe, wetterfeste Kleidung, Proviant, Übernachtungsrucksack, Wanderkarte 1:25 000, Badesachen.

Wenn es Nacht wird: Abendessen und einfache Wandererlager gibt es in der Dahner Hütte (www.pwv-dahn.de) und im Waldhaus Starkenbrunnen (www.pwv-starkenbrunnen.de).

PADDEL AHOI!

… auf der Kollerinsel am Rhein

#40

Ein Wassersportwochenende ist nur eine kurze Fährfahrt von Brühl entfernt. Denn im Rhein wartet die Kollerinsel: mit Sandstrand, Naturschutzgebiet, klarem Wasser und einem modernen Campingplatz. Hier sticht man mit dem Kanu in See oder versucht sich im Stand-up-Paddeln. Die nahe Zivilisation rückt dabei in weite Ferne.

Es hat etwas Entspannendes, wenn man auf einer Art Surfbrett steht, in der Hand ein Paddel, und gemächlich in den Sonnenuntergang gleitet. Dabei sollte natürlich die Umgebung stimmen. Blaues Wasser mit sattem Grün an den Ufern, vielleicht noch ein Sandstrand? Das ganze Paket bekommt man auf der Kollerinsel zwischen Brühl auf der einen und Otterstadt auf der anderen Rheinseite. Stilecht mit Anreise auf der Kollerfähre von Brühl.

Hin & weg: Von Brühl mit dem Fahrrad und der Kollerfähre oder von Speyer in ca. 30 Min. mit dem Rad.

Beste Zeit: Geöffnet März bis Ende Oktober, am schönsten im Sommer.

Dauer: Ein entspanntes Wochenende lang.

Ausrüstung: Fahrrad, Fahrradhelm, Campingausrüstung und Schwimmsachen.

Wenn es Nacht wird: Zelt oder Planwagen, Blockhaus oder Schäferwagen? Alles unter www.camping-kollersee.de

---

Der blau angestrichene Schäferwagen ist besonders gemütlich eingerichtet, doch auch im herkömmlichen Zelt fühlt man sich auf dem Campingplatz am Kollersee wohl.

Bei der Kollerinsel handelt es sich streng genommen um eine Halbinsel. Auf der einen Seite liegt der Rhein, auf der anderen Seite der Kollersee. Der wiederum ist ein Altrheinarm und mündet im Norden in den Rhein. So wie die Insel fälschlich »Insel« heißt, heißt also auch der See zu Unrecht »See«. Aber das macht gar nichts. Idyllisch ist es hier und ruhig: Die ganze Insel ist ein Naturschutzgebiet. Das hat zudem den Vorteil, dass Stand-up-Paddler nicht von Jetskis und Motorbooten umkreist werden – im Kollersee fahren nur Segelboote. Neben der SUP-Station befindet sich außerdem noch ein Kanuverleih.

An den Ufern stehen riesige alte Bäume, an einer Seite wartet ein einladender Sandstrand. In der Mitte des Sees können Unternehmungslustige die Leberwurstinsel besuchen. Wer sich mit Schwimmen, Paddeln und Herumlungern am Strand noch nicht ausgelastet fühlt, schnappt sich das Fahrrad und erkundet die Insel. Für Kulturhungrige: Speyer ist mit dem Rad gerade einmal 30 Minuten entfernt.

Der Campingplatz wurde erst 2017 eröffnet. Neben einer auto- und stromfreien Zeltwiese gibt es auch einige geradezu glamouröse Unterkünfte: Vier Planwagen, drei Zeltlodges, ein Blockhaus und Wohnwagen überzeugen auch Camping-Skeptiker. Besonders liebevoll eingerichtet ist der blau angestrichene Schäferwagen. In der Hauptsaison am besten frühzeitig vorab reservieren.

FAZIT: STRANDIDYLLE AN EINEM ALTRHEINARM. UND DAS OHNE MENSCHENMASSEN. PSSST, NICHT WEITERSAGEN.

STEINZEIT, EISZEIT, AUSZEIT

... im Lonetal auf der Alb

#41

Nichts Geringeres als die ältesten Kunstwerke der Menschheit wurden in den Höhlen des Lonetals gefunden. Doch UNESCO-Siegel und Weltruhm haben das verschlafene Tal nicht abheben lassen. Wie einst die Mammutjäger streift man auch heute noch ungestört durch das einsame Trockental.

 #Lonetallohntsich #UNESCO #kunstvoll #FelsenundHöhlen #Menschheitsgeschichte

Mit etwas Fantasie erkennt man in der Felsformation der Fohlenhaushöhle den Umriss eines Pferdes.

Erst waren es die Neandertaler, dann, vor 40 000 Jahren, die ersten modernen Menschen, die die Höhlen des Lonetals besiedelten. Tagsüber zogen sie auf der Jagd nach Höhlenbären, Wildpferden und Mammuts durch die tundraähnliche Steppe der Eiszeit. Am wärmenden Lagerfeuer schufen sie aus den erbeuteten Stoßzähnen und Knochen kleine Figuren, Schmuck und Musikinstrumente. Die in den Höhlen gefundenen ältesten Skulpturen der Menschheitsgeschichte beweisen es: Auf der Schwäbischen Alb ist die Kunst entstanden.

Gleich die erste Höhle entlang des spannenden Neandertalerwegs ist eine der bedeutendsten: In der Hohlenstein-Stadel-Höhle wurde der Löwenmensch entdeckt, ein knapp 30 Zentimeter großes Fabelwesen aus Elfenbein – schlappe 40 000 Jahre alt. Auf der ganzen Welt gibt es kein Kunstwerk dieser Größe, das älter ist. Besonders weit hinein in die

Bitte hier entlang! Ein kleiner freundlicher Neandertaler weist Wanderern den Weg zu den spektakulärsten Eiszeitfundstätten des Lonetals.

Eiszeitwohnstätte geht es aufgrund des vergitterten Höhleneingangs allerdings nicht. Macht nichts, auch der vier Meter hohe Höhleneingang ist absolut beeindruckend. Auf den Spuren der Eiszeitmenschen geht es weiter an der Lone entlang in Richtung Bocksteinhöhle. Der Weg dort hinauf ist steil, die Hände müssen sich an den Felsen und Ästen links und rechts des steinigen Kletterpfads abstützen. Oben angekommen, genießt man

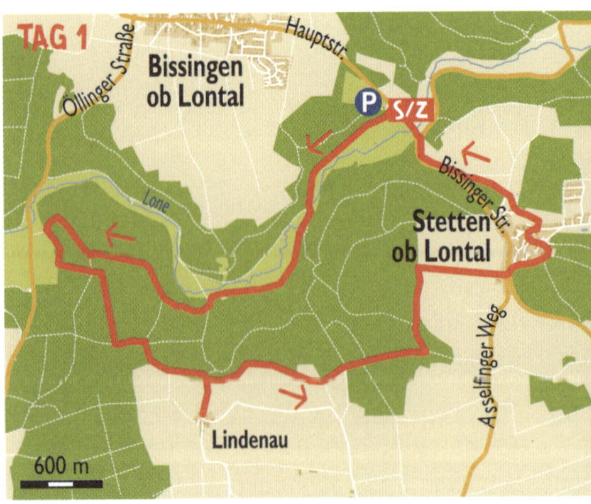

Der Weg hinauf zur Bocksteinhöhle ist steil, aber lohnenswert. Sie gilt als der älteste Siedlungsplatz der Neandertaler in Süddeutschland.

das beeindruckende Gefühl, wie einst die Neandertaler unter dem löchrigen Felsendach der versteckt gelegenen Höhle zu stehen und den Blick über das Trockental schweifen zu lassen. Durch einen unberührten Bannwald geht es anschließend weiter in Richtung Lindenau. Ohne selbst auf Beutezug gehen zu müssen, bekommen hungrige Erlebnisjäger hier im Gasthaus zum Schlößle regionale Besonderheiten wie Tellersülze oder Hefeknöpfla serviert.

Auf den letzten Metern des Neandertalerwegs wartet noch ein weiteres Highlight: die Vogelherdhöhle. Im 1931 wiederentdeckten Felsenhohlraum befand sich während der Eiszeit eine regelrechte Elfenbeinwerkstatt. Funde belegen: Hierhin schleppten die Menschen erbeutete Stoßzähne und Hörner, um daraus Kunstwerke zu fertigen. Eines davon, ein kleines Elfenbeinmammut, kann man mit eigenen Augen bestaunen.

Und was geht im Lonetal sonst noch so? Etwas abseits der UNESCO-Welterbestätten liegt das Fohlenhaus mitten in unberührter Natur. Auch in dieser Kalksteinhöhle wurden Reste urzeitlicher Siedlungen gefunden. Der Wanderweg dorthin führt durch einen der schönsten Abschnitte des Lonetals. Oder doch lieber Radfahren? Auch der Lonetalradweg verläuft am pferdeförmigen Felsen vorbei. Egal, ob per pedes oder Pedal – unbedingt Grillgut einpacken! Direkt vor der Höhle steht eine idyllisch gelegene Grillhütte. Und so schließt sich der Kreis: an einer Feuerstelle mitten im Lonetal.

FAZIT: DIE HÖHLEN ZU ERFORSCHEN, IN DENEN DIE MODERNE KULTUR GEBOREN WURDE, IST EIN EINZIGARTIGES ERLEBNIS.

Hin & weg: Startpunkt des Neandertalerwegs ist der Parkplatz Wanderweg Lonetal am Ortsrand von Niederstotzingen. Dorthin gelangt man bequem mit dem Bus oder Auto.

Beste Zeit: Das ganze Jahr über toll.

Dauer & Strecke: Den Neandertalerweg schafft man in gut 3,5 Std. (11,6 km). Ebenso viel Zeit sollte man für die 10 km lange Fohlenhausrunde an Tag zwei einplanen.

Ausrüstung: Ein Fahrrad für alle, die den Lonetalradweg in Angriff nehmen wollen. Ansonsten: gute Schuhe, Essen und Trinken.

Wenn es Nacht wird: Besonders gemütlich lässt es sich in der Lonetal Lodge L2 übernachten (www.l-2.eu). Die ehemalige Scheune wurde topmodern renoviert und befindet sich in Bernstadt, direkt neben dem Gasthaus zum Lamm.

EINFACH KUH(L)

… auf der Schwäbischen Alb

#42

Melken, füttern, Heu ernten: Wer sich für ein paar Tage auf dem kleinen Demeterhof Freytag im beschaulichen Lautertal einquartiert, darf ordentlich mit anpacken. Die Arbeit im Stall und auf den Feldern macht den Kopf frei, und zur Entspannung gibt's jeden Abend ein exklusives Gratiskonzert.

#FerienaufdemBauernhof #Gummistiefeltage #tierischschön

Liebe geht durch den Magen: Auf dem Demeterhof Freytag dürfen große und kleine Gäste mit anpacken und die Kühe mit frischem, saftigem Grün verwöhnen.

Schleck! Die Zunge des kleinen Kälbchens tastet neugierig nach der ausgestreckten Hand. Ganz rau ist sie und gleichzeitig auch wunderbar weich. Schnell schaufelt man eine Ladung frisches Grün auf die Heugabel, um die neu geschlossene Freundschaft zu besiegeln. Ein zufriedenes »Muh« scheint zu bestätigen – das Futter schmeckt, du darfst wiederkommen! Auf dem Demeterhof Freytag, der wunderschön auf einer Anhöhe über dem Lautertal liegt, kann man mit Bauernhoftieren und nachhaltiger Landwirtschaft auf Tuchfühlung gehen. 20 Milchkühe, deren Nachwuchs, 200 Hühner, acht Ziegen, vier Schafe, zwei Pferde, Katzen und Hofhündin Mira leben auf dem Hof, der hier seit demJahr 1990 leidenschaftlich vom Ehepaar Albrecht und Lucia Freytag nach den Ideen des Anthroposophen Rudolf Steiner bewirtschaftet wird.

Hier kommen die Eier nicht aus dem Supermarkt. Nein, sie werden jeden Morgen frisch im hofeigenen Hühnerstall gesammelt.

Auch ihre fünf Kinder und Lucias Eltern leben auf dem Bauernhof.

Der Tag startet um 6.30 Uhr. Im Stall warten die Kuhdamen schon ungeduldig darauf, gemolken zu werden. Nebenan meckern die Ziegen, und über den Köpfen zwitschern kleine Spatzen hungrig in ihren Nestern. Nach dem Frühstück geht's auf die Weide, das Wasserfass muss ausgetauscht werden. Der Fahrtwind des Traktors erfrischt die Lebensgeister, und spätestens beim Anblick der friedlich grasenden Kühe vor der Kulisse des beschaulichen Lautertals weiß man, dass sich das frühe Aufstehen gelohnt hat. Aber auch Langschläfer brauchen sich keine Sorgen zu machen. Auf dem Freytag-Hof verbringt man seine Tage nach dem Prinzip: Alles kann, nichts muss! Wer sich morgens lieber noch einmal im bequemen Bett der Ferienwohnung umdrehen möchte, kann das ungestört tun – vorausgesetzt, man kann den lautstarken Weckversuchen des Hofhahns widerstehen.

Landwirt Albrecht Freytag steht seinen Gästen jederzeit für Fragen zur Verfügung, nimmt sie mit zum Holzmachen in den Wald, erklärt, wie man Felder ganz ohne Chemie im Rhythmus der Jahreszeiten bewirtschaftet, und zeigt, wie man das frische Heu einholt. Auch Weidezäune-Ausbessern, Pferde-Striegeln und Eier-aus-dem-Hühnerstall-Holen stehen auf dem Programm. Abends lässt man sich erschöpft, aber glücklich mit einem Gläschen Rotwein auf der Terrasse des Ferienhauses nieder und lauscht dem kostenlosen Konzert der Grillen. Hier braucht man keinen Fernseher, die Tiere sind Unterhaltung genug.

Keine Lust auf einen Tag im Stall? Direkt vom Hof zweigen gut ausgeschilderte Wanderwege durchs große Lautertal ab. Oder wie wäre es mit einer Kanufahrt? Die passende Anlegestelle befindet sich nur einen kurzen Fußweg entfernt in Bichishausen.

FAZIT: HIER LERNT MAN, WAS ES HEIẞT, VERANTWORTUNG FÜR TIERE ZU ÜBERNEHMEN, UND WOHER EIER, FLEISCH UND CO. WIRKLICH KOMMEN.

Hin & weg: Der Freytag-Hof liegt etwas abgeschieden oberhalb von Bichishausen. Den kleinen Anstieg hinauf legt man am besten mit dem Auto zurück.

Beste Zeit: Auf dem Hof gibt es das ganze Jahr über genug zu tun. Im Sommer und Herbst wird geerntet und Heu gemacht, dann ist es besonders spannend.

Dauer: Von einer Nacht bis zu einer Woche – geblieben wird nach Lust und Laune.

Ausrüstung: Gummistiefel und passende Kleidung mitbringen. Handtücher und Bettwäsche für die Übernachtung sind vorhanden. Verpflegung gibt's im kleinen Hofladen.

Wenn es Nacht wird: Vier gemütliche Ferienwohnungen für 2–7 Personen stehen den Schnupperlandwirten auf dem Hof zur Verfügung (www.demeterhof-freytag.de).

DER LAUF DER ZEIT

… in Röttingen in Unterfranken

#43

Die Zeit bestimmt fast alles: unseren Tagesablauf, unsere Arbeit, … Doch zum Glück gibt es auch die Freizeit, die schönste Form der Zeit. Und die nutzt man am besten, um sich diesem Thema in und um Röttingen auf eine begeisternde und spannende Art zu näher.

#Zeiterlebnis #Uhrenkunst #Zeitempfinden

Kunstvolle Sonnenuhren vor einer Fachwerk-Kulisse: in der Stadt der Sonnenuhren ist das ganz normal.

Zeit: für viele gestresste Menschen das Feindbild schlechthin. Dabei ist sie bekanntlich relativ und hat auch ihre schönen Seiten. Davon überzeugt man sich am besten bei einem Aufenthalt in Röttingen.

Tage, Monate und Jahre können sich sehr unterschiedlich gestalten. Das zeigt sich bei einer längeren Wanderung, die am Rathaus von Röttingen beginnt. Durch malerische Gassen mit einigen hübschen Fachwerkhäusern führt der Weg zunächst zum Weinberg. Langsam steigt er an und führt an den prallen Trauben des neuen Jahrgangs vorbei.

Nachdem man einige Weinbergshäuschen passiert hat, geht es hinunter ins Tal zur Tauberbrücke von Tauberrettersheim. Ein einzelner Heiliger beobachtet den Wanderer bei seinem Weg über das fast 300 Jahre alte Bauwerk, das von Balthasar Neumann entworfen wurde.

Felder säumen den nächsten Wegabschnitt, die Tauber verläuft immer in Sichtweite hinter einer Baumreihe. Man erreicht eine alte Bahnbrücke, an der sichtlich der Zahn der Zeit nagt. Rost und morsche Holzbalken verleihen der früheren Gaubahnbrücke einen einzigartigen Lost-Place-Charme.

Vom Jakobsturm aus blickt man über die Dächer Röttingens auf die Burg Brattenstein. Lässt man den Blick schweifen, kann man von oben noch weitere Fachwerk-Häuser erkennen.

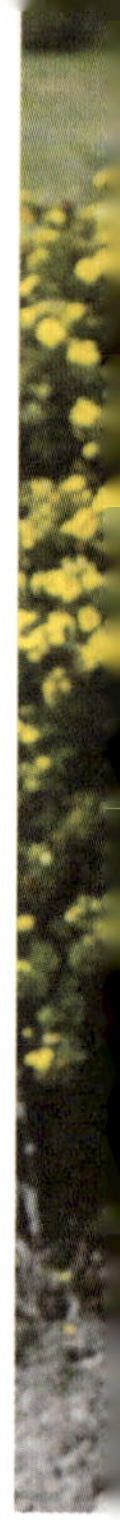

Einem Schotterweg folgend, erreicht man den Beginn des Planetenwegs. In Form einer großen Kugel aus gelbem Metallgeflecht begrüßt uns die Sonne auf einem Mast. Tafeln informieren über den Feuerball und den Weg, der sowohl die Größe als auch die Abstände der nachfolgenden Planeten maßstabsgetreu abbildet. 365 Tage sind ein Erdenjahr. Je weiter man von der Sonne entfernt ist, umso länger brauchen die Planeten für eine Sonnenumrundung – und damit für ein Jahr. Schließlich erreicht man die Sternwarte von Weikersheim, in deren Hof der Saturn mit seinen markanten Ringen steht. Am Neptun biegt man vom Planetenweg ab. Übrigens: 160 Erdenjahre ergeben ein Neptunjahr.

Durch den stetig kreisenden Schatten der Windräder erreicht man den Wald, in dem ein Lehrpfad bekannte und weniger bekannte Baumarten erläutert. Auf einen schmalen Waldweg abbiegen und wenig später ist wieder Röttingen erreicht.

Am zweiten Tag kann man sich einmal genauer ansehen, warum Röttingen nicht nur für seine Frankenfestspiele, sondern auch für Sonnenuhren bekannt ist. Die erste Sonnenuhr er-

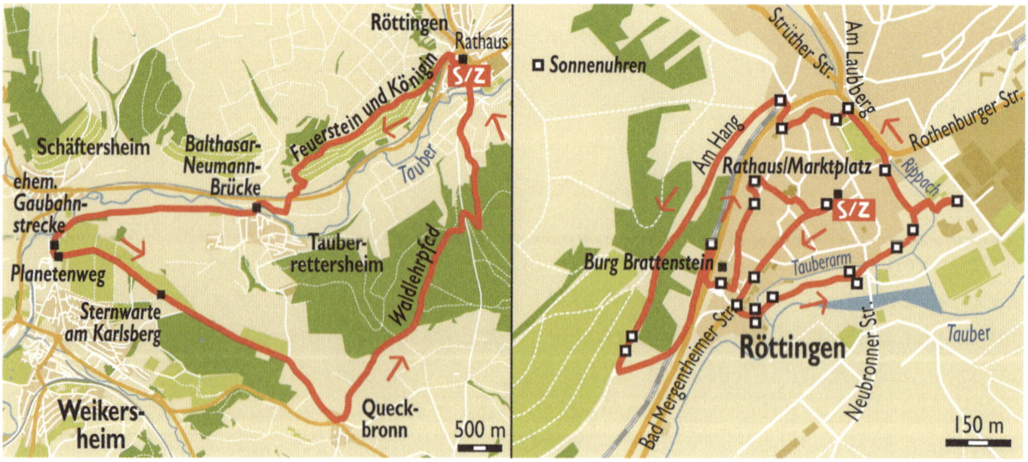

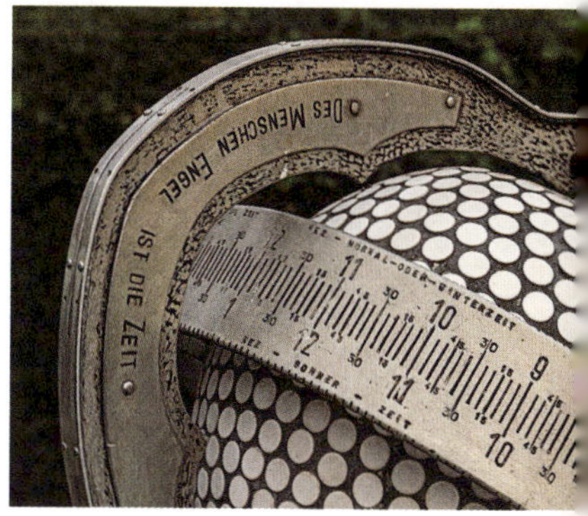

Den Lauf der Zeit kann man nicht nur am Schatten auf einer Sonnenuhr ablesen, sondern über das Jahr hinweg auch am Stand der Sterne erkennen.

wartet die Passanten bereits wenige hundert Meter vom Rathaus entfernt. Dann biegt man zu einer weitläufigen Parkanlage ab, und vor der herrlichen Kulisse der Stadtmauer mit ihren alten Türmen stehen erneut einige wunderschöne Sonnenuhren. Inzwischen ist klar: Keines der über 20 Werke des bereits verstorbenen Künstlers gleicht dem anderen.

Hin & weg: Am Wochenende mit dem Maintalsprinter von der Haltestelle Bismarckstraße/Hauptbahnhof in Würzburg bis Röttingen oder mit dem Auto über die B19 bis Abzweig Röttingen und am Parkplatz Jakobsturm parken.

Beste Zeit: Wenn sich die ersten Blätter im Herbst verfärben.

Dauer & Strecke: Für die 16 km lange Wanderung sollte man 5 Std. einplanen, für den 3,5 km langen Sonnenuhrenweg braucht man ca. 1 Std.

Ausrüstung: Bequeme Schuhe, wettergerechte Kleidung, Wasser und ein Snack für unterwegs.

Wenn es Nacht wird: Der mittelalterliche Jakobsturm ist ein Teil der alten Stadtmauer und heute eine ausgefallene Unterkunft. Man schläft oben im Turmzimmer mit einer herrlichen Aussicht über die Dächer Röttingens (www.roettingen.de).

An der Stadtmauer entlangspazieren und kurz zu einer Bodensonnenuhr abzweigen, bei der die Betrachter selbst den Schatten werfen, der die Uhrzeit bestimmt.

Vorbei an weiteren kunstvollen Zeitmessern führt der Weg kurz in den Weinberg und vorbei an Burg Brattenstein ist bald wieder der Ausgangspunkt der Zeitreise erreicht.

FAZIT: HERRLICHE KONFRONTATIONSTHERAPIE FÜR GESTRESSTE ZEITOPFER.

BLUMEN UND BEEREN

... rund um Cadolzburg bei Fürth

#44

Hoch über der Kleinstadt Cadolzburg thront die gleichnamige Burg auf einer Felsnase und prägt das Ortsbild. Eine Wanderung rund um Cadolzburg bietet unvergleichliche Ausblicke auf die Burg, Wildblumen, mystische Wälder und Beeren, die »Pflück mich« schreien.

#wildeFrüchtchen #sommerlicheBlumenpracht #Burgblicke #mystischeOrte

Ausgangspunkt der Wanderung ist die Markgrafenkirche am Fuß der Burg. Vorbei an der geschichtsträchtigen Hohenzollernfeste führt der Weg zunächst durch ein kleines Wäldchen. Gleich darauf eröffnet sich ein traumhafter Ausblick auf die Cadolzburg.

Anschließend geht es weiter durch den Wald. Hin und wieder finden sich Schilder mit Erklärungen zu den heimischen Bäumen. Immer dichter werden die Sträucher am Wegrand, an denen viele kleine rote Früchtchen hängen – Himbeeren, so weit das Auge reicht. Immer schön eine in den Mund, eine in das mitgebrachte Körbchen.

Auf den nächsten Kilometern wechselt das Landschaftsbild nun wieder und wieder. Es

Am Wegrand kann man herrlich Blaubeeren naschen, oder man spart sich diese für zu Hause auf und backt einen köstlichen Blaubeerkuchen.

geht vorbei an kleinen Tümpeln, durch lichter werdende Wälder und mitten durch Wiesen, auf denen Wildblumen in den schönsten Farben sprießen. Das reinste Paradies für Bienen, Hummeln und Schmetterlinge. Ein ständiges Summen und Brummen begleitet die Wanderer. Nach etwa der Hälfte des Weges erneut ein abrupter Wechsel. Der Wald wird dichter, bekommt etwas Mystisches. Die Wege, teils komplett zugewachsen, werden zunehmend unübersichtlicher. Verlaufen kann man sich nicht in dem Wegenetz, Sackgassen gibt es

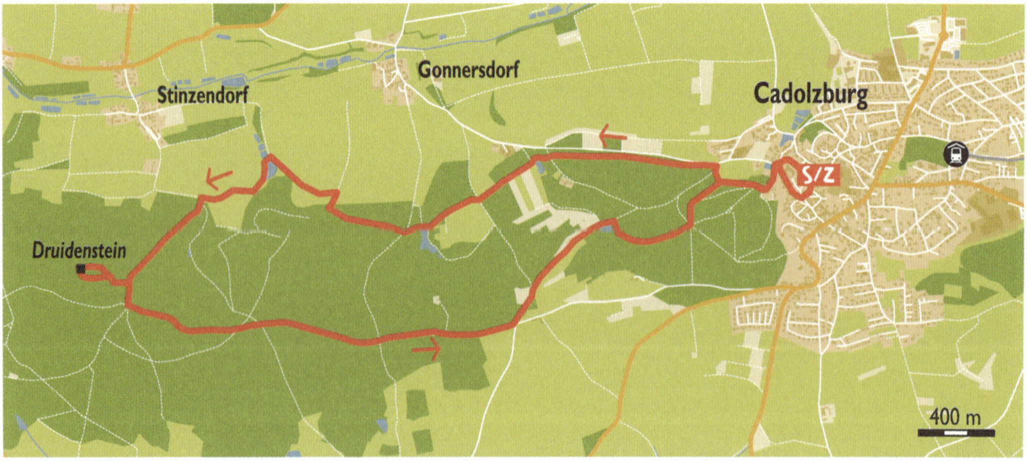

Rund um die idyllisch gelegene Cadolzburg scheint die Welt noch in Ordnung – es wachsen Wildblumen, so weit das Auge reicht.

nicht, nur gefühlt tausend verschiedene Möglichkeiten, das nächste Ziel zu erreichen: den sagenumwobenen Druidenstein am Dillenberg.

Wobei: Eigentlich ist es heute nur noch ein Gedenkstein, der an den Druidenstein erinnert. Reiter ohne Kopf und dreibeinige Hunde, wie eine Sage berichtet, findet man hier wohl nicht mehr. Dennoch besitzt der Ort auch jetzt noch etwas Kraftvolles und Verwunschenes. Einst legten die Druiden auf dem heidnischen Altar Opfergaben ab, auch heute findet man, gerade wenn man öfter hierherkommt, kleine Gaben – Blumen, Steine, Tannenzapfen – auf dem Gedenkstein. Wer sie wohl ablegt?

Während den Sammler am Hinweg Himbeeren am Wegrand begleitet haben, locken am Rückweg die Blaubeeren. Dicht wachsen die Sträucher, unzählige pralle blaue Beerchen schreien danach, gepflückt zu werden. Wären da nicht die verräterischen blauen Lippen, würde an der letzten Station der Wanderung – der Cadolzburg – niemand merken, dass die Hälfte der Beeren im Mund gelandet sind.

Hin & weg: Ab Nürnberg und Erlangen zunächst zum Fürther Hauptbahnhof und dann mit der Regionalbahn weiter nach Cadolzburg.

Beste Zeit: Ganzjährig möglich, doch am schönsten im Sommer, wenn die Wildblumen blühen und die Beeren reif sind.

Dauer & Strecke: 5 Stunden und rund 11 km zu Fuß.

Ausrüstung: Bequeme Schuhe, Kamera und ein Körbchen für die Beeren.

Wenn es Nacht wird: In Cadolzburg gibt es viele familiengeführte Gasthöfe, nette kleine Pensionen und Ferienwohnungen: www.cadolzburg.de

---

In der Cadolzburg (www.burg-cadolzburg.de), einer der mächtigsten Burganlagen Bayerns, lohnt sich der Besuch des modern und interaktiv gestalteten Museums, in dem man mehr über die 600-jährige Herrschaft der Hohenzollern und deren interessante Lebensgewohnheiten erfährt. Herrlich flanieren lässt es sich anschließend durch den wild-romantischen ummauerten Burggarten.

FAZIT: ABWECHSLUNGSREICHE WANDERUNG RUND UM CADOLZBURG MIT BEEREN, BLUMEN, EIN WENIG MYSTIK UND EINER ZEITREISE INS MITTELALTER.

DER KANAL ALS KOMPASS

... von Nürnberg bis ins Altmühltal

#45

Immer am Kanal entlang geht es von Nürnberg bis ins Radlerparadies Altmühltal: Auf knapp 60 Kilometern führt der Radwanderweg Nürnberg-Rothsee-Altmühltal durch interessante Städte, wunderschöne Täler, vorbei an beeindruckenden Burgen und Kirchen.

#Radwandern #Burgen&Kirchen #romantischeTäler #SprunginskalteWasser

Immer direkt am Main-Donau-Kanal entlang geht es von Reichelsdorf auf dem gut ausgebauten Radweg in Richtung Altmühltal. Die Güterschiffe dümpeln im Wasser, und eine kleine Brise weht einem um die Nase. An der Schleuse Hilpoltstein lohnt ein Abstecher zum Rothsee: einen Stausee, der angelegt wurde, um die Wasserverteilung zwischen dem wasserreichen Süd- und dem wasserarmen Nordbayern auszugleichen. Auf einer der Liegewiesen lässt es sich wunderbar entspannen, und nach einem Sprung ins kühle Nass geht es dann erfrischt weiter in die ehemalige pfalzgräfliche Residenzstadt Hilpoltstein.

Der Radwanderweg führt durch verträumte, romantische Dörfer und herrliche Naturlandschaften.

Hoch über der Stadt thront die Burgruine Hilpoltstein auf einem Sandsteinfelsen und lädt zum Erkunden ein. Doch auch die wunderschönen Bürgerhäuser mit Fachwerk unten im Ort sind sehenswert. In einem dieser alten Fachwerkhäuser findet man das nette Café Grimm (www.cafe-grimm.com). Bei schönem Wetter schmeckt der hausgebackene Kuchen im historischen Biergarten noch besser, als er es ohnehin schon täte.

Nach genussvollen Stunden in Hilpoltstein geht es am nächsten Tag weiter – die Kalorien wollen schließlich wieder abtrainiert werden. Kurz hinter Hilpoltstein verlässt der Weg nun die Kanaltrasse. Gen Süden geht es über hügelige Wege durch Pyras, Eysölden und Stauf. Dörfer, die einer anderen Zeit entsprungen scheinen. Anschließend führt der Radweg hinunter in das romantische Thalachtal bis nach Thalmässing mit seinen stattlichen Bürgerhäusern und dem interessanten Vor- und Frühgeschichtlichen Museum am beschaulichen Marktplatz.

Hin & weg: Vom Nürnberger Hauptbahnhof in 12 Minuten mit der S2 bis Reichelsdorfer Keller. Von dort mit dem Rad in 10 Minuten zum Startpunkt am Main-Donau-Kanal. Von Kinding mit dem RE in 30 Minuten zurück nach Nürnberg.

Beste Zeit: Am schönsten im Sommer, wenn es warm genug ist zum Baden.

Dauer & Strecke: Insgesamt 58 km mit dem Fahrrad.

Ausrüstung: Fahrrad, Radkarte, Proviant für unterwegs, Badesachen, Sonnencreme.

Wenn es Nacht wird: Das Zelt aufschlagen im idyllischen Naturcamp Kauerlach (naturcamp-kauerlach.de) am Kauerlacher Weiher etwas außerhalb von Hilpoltstein.

Die Martinskirche am Fuße des Kalvarienberges ist das Wahrzeichen von Greding.

Weiter geht es, dem Flüsschen folgend, nach Greding. Schon von Weitem erblickt man die 21 Türmchen des mauerumwallten Städtchens. Innerhalb der Mauern findet man eine barocke Innenstadt mit dem wunderschönen Rathaus am Marktplatz vor. Von Greding sind es dann nur noch wenige Kilometer bis zur Mündung der Thalach. Danach geht es an der Schwarzach entlang nach Kinding, wo die besterhaltene Kirchenburg Bayerns, eine im 14. Jahrhundert erbaute Wehrkirche, besucht werden sollte, bevor man den Heimweg antritt.

FAZIT: PER RAD AM KANAL ENTLANG UND DABEI TRAUMHAFTE LANDSCHAFTEN UND ENTZÜCKENDE FRÄNKISCHE KLEINSTÄDTE ENTDECKEN. BAD IM SEE INKLUSIVE!

ACHT MAL TAUSEND

… von Arrach bis zum Großen Arber

#46

Zwei Tage lang fast keine Menschen. Zwei Tage kein Motorengeknatter. Nur Vogelgesang, Käfergebrumm und der Wind, der durch die Bäume streicht. Und das eigene Keuchen, das einen von Gipfel zu Gipfel begleitet.

Mühlriegel (rechts) und Ödriegel (links) sind beide bereits über 1000 Meter hoch. Ihre Gipfel sind felsig und zerklüftet, ganz im Gegensatz zu dem kahlen Kopf des Großen Arber (rechts oben).

Arrach, Bahnhof. Hier entlässt einen der Zug. Wer viel Zeit und Wanderlust mitbringt, nimmt nicht den Bus zum Parkplatz Eck, sondern den Weg AR 3 (8 Kilometer). Er führt durch den Wald und an Bachläufen entlang, bis ihn der AR 1 Richtung Eck ablöst. Es geht weit nach oben - fast schon zum ersten Tausender hoch, zum Mühlriegel! Dann jedoch sackt der Pfad leicht ab, macht eine Schleife und endet beim Gasthof Eck, wo der erste Durst gelöscht und die Wasserflasche aufgefüllt werden kann (www.berggasthof-eck.de).

Von nun an liegt einem der Goldsteig zu Füßen. Bis zum Mühlriegel (1080 Meter) führt der Weg steil hinauf, von oben aus sieht man weit ins Zellertal. Der erste Gipfel ist geschafft! Und der zweite lässt nicht lange auf sich warten: Ein Waldpfad verbindet den Mühl- mit dem Ödriegel (1156 Meter), der mit seinen drei Felsen etwas zerfurcht aussieht. Und kurz darauf taucht der Schwarzeck auf. Er ist bereits 1236 Meter hoch und verlangt dem Wanderer für seinen grandiosen Ausblick eine schweißtreibende Kletterpartie ab.

Wer eine Übernachtung eingeplant hat, sollte nach dem Reischflecksattel (1126 Meter, kein Ausblick) zur Berghütte Schareben absteigen. 1,5 Kilometer trennen einen vom weichen Bett. Ansonsten geht es weiter auf den Heugstatt (1262 Meter). Hier ist Grün die tonangebende Farbe: Große und kleine Büsche wachsen links und rechts des Pfads, junge Fichten und Ebereschen wagen es, Wurzeln zu schlagen. Dass das auch schiefgehen kann, lässt sich vom Enzian (1285 m) aus sehen. Dort fegte Orkan Kyrill 2007 sämtliche Bäume weg. Noch heute stehen und liegen tote Stämme herum, aber das ist gut so. Viele Pilz- und Tierarten könnten ohne das Totholz nicht überleben. Und durch den baumfreien Rundumblick zeigt sich auch schon der Große Arber.

Doch davor ist da noch der Kleine Arber (1384 Meter), der ebenfalls schöne Ausblicke bietet, aber vor allem einen Vorzug gegenüber seinem großen Bruder hat: Ruhe. Denn auf dem Großen Arber (1456 Meter), dem nächsten und letzten Gipfel der Tour, herrscht jeden Tag Trubel – begünstigt durch eine Gondel und eine große Berghütte zum Einkehren. Trotzdem sollte man sich den Großen Arber »antun« mit seiner markanten Felsformation, dem Richard-Wagner-Kopf, und der Radarstation, die im Kalten Krieg den östlichen Luftraum überwachte. Der Kleine Arbersee ist ebenfalls zu sehen. Er und der Große Arbersee sind Gletscherseen und bereits über 10 000 Jahre alt.

Nach einer kürzeren oder längeren Rast steigt man ab zum Großen Arbersee und nimmt dort den Bus nach Bodenmais oder Lam, wo es Zuganbindungen gibt. Oder sucht sich ein ruhiges Plätzchen und genießt noch einmal die Berglandschaft.

FAZIT: SEHR GUT AUSGESCHILDERTE ZWEITAGES-WANDERUNG MIT VIEL GIPFELGLÜCK. TRITTSICHERHEIT UND GUTE KONDITION ERFORDERLICH.

Hin & weg: Bahnhof Arrach bis zum Großen Arber. Vom Großen Arbersee Bus nach Bodenmais oder Lam (Fahrplan beachten: www.bayerwald-ticket.com); Wegmarkierung Goldsteig (gelb geschwungener Weg).

Beste Zeit: Mai–September.

Dauer & Strecke: Von Arrach bis Hütte Schareben ca. 6 Std., 18,5 km; von Hütte Schareben bis Großer Arber ca. 4,5 Std., 10 km.

Ausrüstung: Feste Schuhe, Regenjacke, Sonnencreme, ausreichend zu trinken.

Wenn es Nacht wird: Einzige Übernachtungsmöglichkeit in der Nähe des Goldsteigs ist die Berghütte Schareben (www.berghuette-schareben.de).

MAGIE DES MORGENS

... auf dem Krottenkopf in den Voralpen

#47

Mag sein, dass es großartige Beschreibungen und noch viel schönere Bilder von Sonnenaufgängen gibt. Doch auch die besten von ihnen werden es nie damit aufnehmen können, diesen magischen Moment selbst zu erleben. Vor allem, wenn es um einen stimmungsvollen Morgen auf einem Berg geht.

#Sonnenaufgang #Gipfel #Alpen #Hütte #abgeschieden

Einer der wunderbarsten Gipfel-Logen-Plätze zum Sonnenaufgangsgucken ist unweit von München sicherlich der Krottenkopf. Mit 2085 Metern thront der höchste Berg der Bayerischen Voralpen mitten im kaum erschlossenen Estergebirge. Als wäre der freie Blick über das Meer von Bergen nicht schon genug, steht auf dem Sattel gut 100 Meter unter dem Gipfel zu allem Glücks-Überfluss auch noch die Weilheimer Hütte. Die sympathisch geführte Alpenvereinshütte mit ihren 50 Schlafplätzen bietet, wenn man so will, die Sonnenaufgangs-Pole-Position. Ein paar Minuten zeitiger aufzustehen wird bei gutem Wetter in jedem Fall belohnt: Während von Westen noch ein fahles Mondlicht auf den gleichmäßigen Gipfelanstieg fällt, zaubert die Sonne als ersten Vorboten schon ein rotes Band an den östlichen Horizont.

Was dann passiert, ist allein den Geschicken der Natur überlassen – mal scheint sich die Sonne wie ein riesiger Feuerball hinter den Gipfeln emporzuschieben, dann wieder verstellen ein paar einzelne Wolken die Sicht, was mitunter noch dramatischer wirkt. Doch das besonders Magische an dem Sonnenaufgang-Erlebnis auf dem Krottenkopf ist wohl das Gefühl der Abgeschiedenheit, wie man es so nah von München kaum für möglich halten würde. Und eine Rückzugsgarantie gibt es auch: Die Tür zur Weilheimer Hütte

ist in der Sommersaison immer geöffnet. An kälteren Tagen prasselt beim Abstieg vom Gipfel im Ofen der Gaststube schon das Feuer und man darf sich alsbald auf das Frühstück freuen.

Eine Kuh und der Schriftzug »So schmecken die Berge« zieren die Frühstückstassen, denn der Großteil der Speisen und Getränke, die Hüttenwirt Christian Weiermann auf den Tisch bringt, stammen aus einem Umkreis von 50 Kilometern – die Säfte aus Lenggries, das Bier aus Mittenwald, auch die Wurst und das Fleisch kommen vom Metzger im Tal. Auf ihre Art ist die Hütte einfach, aber gemütlich. Duschen braucht man gar nicht erst suchen, dafür gibt es am Waschbecken eiskaltes Wasser. Und wer in einem Einzel- oder Doppelzimmer übernachtet, darf sich auf ganz private Hüttenromantik hinter gardinenbehangenen Sprossenfenstern und in Karomuster-Betten freuen. Die 1300 Höhenmeter bis zur Hütte lassen sich zwar nicht kleinreden,

Hin & weg: Bahn bis Farchant. Von dort über die Esterbergalm auf die Weilheimer Hütte. Dann noch mal gute 100 hm auf den Gipfel.

Beste Zeit: Frühherbst, wenn der Sonnenaufgang wieder etwas später ist. Die Hütte ist von Juni bis Mitte Oktober – traditionell bis Kirchweihsonntag – geöffnet.

Dauer: Mindestens 3 Std., eher ab 4 Std. für den 11 km langen Aufstieg zur Weilheimer Hütte. Dort Übernachtung einplanen, dann wird alles ganz entspannt.

Ausrüstung: Vor allem im Herbst: Warm anziehen – wer will schon den Sonnenaufgang verpassen, weil es zu kalt ist?!

Wenn es Nacht wird: Ab in die sehr sympathisch geführte Weilheimer Hütte (auch Krottenkopfhütte genannt; www.dav-weilheim.de), eine Alpenvereinshütte mit Matratzenlagern und einigen wenigen Zimmern. Hüttenschlafsack nicht vergessen.

Das fahle Mondlicht weicht der Morgensonne - vor dem Frühstück an der Weilheimer Hütte.

aber der Aufstieg vom Bahnhof in Farchant über die Esterbergalm führt durch insgesamt harmloses, einfaches Gehgelände, das selbst Flachland-Naturgenießern zu einem wirklich großartigen Berg- und Hüttenerlebnis verhilft. Die einzige Voraussetzung ist ein wenig Ausdauer, denn drei bis vier Stunden zu Fuß bergauf stehen allemal auf dem Plan; egal, wo man im Tal startet. Dank der zahlreichen Bahnhöfe rund um das Estergebirge ergeben sich für geübte Berggeher auch abwechslungsreiche Rundtouren und Durchquerungen. Zum Beispiel von Eschenlohe über den Hahnbichlsteig und die Pustertal-Jagdhäuser zur Weilheimer Hütte; von dort am nächsten Tag weiter zur Esterbergalm und über den Kaltwassergraben ins Tal.

FAZIT: DER WEG VON DER WEILHEIMER HÜTTE ZUM SONNENAUFGANG AUF DEN KROTTENKOPF IST SO KURZ, DASS MAN IHN AM BESTEN SCHON MAL ZUM SONNENUNTERGANG TESTET!

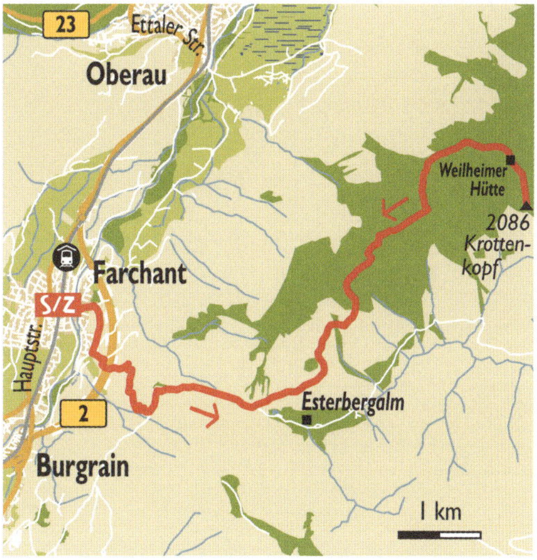

SEEN SAMMELN

… an der Eggstätt-Hemhofer Seenplatte

#48

Wohin eigentlich, wenn einen die Lust auf so richtig viel Wasser überkommt? Am liebsten nicht zu groß, nicht zu laut? – Zwischen waldigen Hügeln und moorigen Senken kommt bei Eggstätt für diesen Fall die Seenplatte mit ihrem ganz eigenen, ursprünglichen Charme daher.

#Seen #Naturschutzgebiet #naturnah #Wald #Wasser

Seen, Sümpfe und Toteislöcher prägen die sogenannte »Eiszerfallslandschaft« zwischen Eggstätt und Hemhof.

Kaum 150 Meter breit ist die kleine Landzunge zwischen Schloßsee und Langbürgner See an der Stelle, wo hinter Hemhof ein kleiner Weg links in die Wiesen abbiegt. Vom Bahnhof in Bad Endorf bis hierher sind es gerade mal fünf Kilometer. An dem kleinen Fuß- und Radweg nun glitzert und glänzt links und rechts zwischen den Bäumen immer wieder Wasser hervor. Mal silbrig, die Sonnenstrahlen spiegelnd. Dann wieder moorig und unergründlich. Schon ist man angekommen, mitten im Naturschutzgebiet Eggstätt-Hemhofer-Seenplatte. Pelhamer See, Hartsee und Langbürgner See sind die drei großen Gewässer – an ihnen finden sich vier, fünf ausgewiesene Badestellen. Verstreut zwischen den Hügeln liegen noch ein gutes Dutzend weitere Seen, von denen die kleinsten nicht mal einen offiziellen Namen haben. Nennenswerte touristische Infrastruktur gibt es so gut wie nicht – weshalb die hübschen Schwestern des großen Chiemsees wohl auch nach wie vor so viel unbekannter als dieser sind –, ein paar Wegweiser für Wanderer, die Bitte an Fahrradfahrer zum acht-

---

Hin & weg: Bahn bis Bad Endorf, von dort knapp 5 km bis an die Seenplatte; alternativ (vor allem ohne Rad) mit dem Auto.

Beste Zeit: Mai bis September, insbesondere Frühsommer und Frühherbst.

Dauer: Für einen ersten Geschmack 2 Std., ca. 6 km. Voller Genuss an einem Wochenende.

Ausrüstung: Nach Gusto ein Fahrrad.

Wenn es Nacht wird: Im Landhof Angstl mit d'SpeisKammer in Höslwang (www.landhof-angstl.de) eines von drei charmanten Zimmern mieten. Warum nicht gleich ein bisschen länger bleiben?

samen und rücksichtsvollen Um-die-Kurve-Rollen und ein paar Infotafeln zur Entstehung der Seenplatte, das ist alles. »Naturnah« ist das Zauberwort, mit dem die Seen auftrumpfen.

Wer sein Rad mitbringt, kann direkt vom Bahnhof Endorf aus auf Entdeckungstour gehen. Dabei sollte man sich ruhig ganz viel Zeit lassen, kreuz und quer den Wegen durch Bayerns ältestes Naturschutzgebiet folgen und zum Nachmittag hin auch noch nach Höslwang hinüberradeln, um den Landhof Angstl mit d'SpeisKammer anzusteuern. Der Landhof besteht aus drei Doppelzimmern in einem charmanten, mit Bedacht modernisierten Rückzugsort und ist ganz nebenbei alter und neuer Dorfmittelpunkt, seit die Besitzer dem Traditionsgasthof im Ortsteil Sonnering 2014 wieder neues Leben eingehaucht haben. Unten, in d'Speiskammer sind vor allem die Schweinshaxn legendär. Und ein Frühstück bekommen Wochenendgäste von Freitag bis Sonntag auch.

Wer mit dem Auto anreist und an der Seenplatte zu Fuß unterwegs ist, hat mit der Landzunge zwischen Schloß- und Langbürgner See ebenfalls einen guten Ausgangspunkt: Zunächst an zwei tümpelkleinen Seen vorbei, trifft man nach kurzer Zeit auf den knapp sechs Kilometer langen Seenplatten-Rundweg, der an Kesselsee, Einbessee, Kautsee und Blassee entlangführt. Am zweiten Tag könnte man dann noch den Hartsee umrunden. Start dazu am besten nahe dem Freibad in Eggstätt, entgegen dem Uhrzeigersinn, sodass ein kurzes Straßenstück schnell vergessen ist. Besonders im Frühsommer und Frühherbst noch einen Abschluss-Stopp im Freibad einplanen. Von den weit ins Wasser reichenden Holzstegen dort hat man noch mal einen hübschen See-und-Berg-Blick. Und besser könnte das Seensammeln doch gar nicht enden!

FAZIT: AM BESTEN EIN GANZES WOCHENENDE EINPLANEN, UM ALLE SEEN ZWISCHEN EGGSTÄTT UND HEMHOF AUFZUSPÜREN!

ECHT URIG

... die Burgl-Hütte bei Balderschwang

#49

Keine Straße, kein Strom, rundum nur Natur: In der Burgl-Hütte kann man nächtigen wie vor 150 Jahren. Wer die Bergeinsamkeit und das einfache Leben liebt, wird von dieser Rundwanderung samt (kleinem) Gipfelerlebnis auf dem Hochschelpen begeistert sein.

#ohneStromgehtsauch #daseinfacheLeben #himmlischeRuhe #wiezuUromasZeiten

Die Morgensonne lacht zum Fenster herein, das Frühstück ist fertig – besser kann ein Tag nicht beginnen!

Im Sommer ist an der Schelpenalp am Bolgenbach nicht viel los, denn Remmidemmi ist erst zur Skisaison, wenn die Schelpenbahn läuft. Zum Gipfel des Hochschelpen weisen Schilder den Weg: zunächst ein Stück die geschäftig plätschernde Bolgenach entlang, dann nach rechts Richtung Süden. In vielen Kehren windet der breite Forstweg sich durch den Bergwald nach oben und an blühenden Bergwiesen entlang. Trollblume, Teufelskralle und Knabenkraut blühen üppig, dazwischen sprießen die weißwuscheligen Fruchtstände des Wollgrases. Bienen und Hummeln summen eifrig herum. Hier ist Artenvielfalt kein Wunsch, sondern (noch) Wirklichkeit. Der schmaler werdende Wanderweg steigt noch-

Im Sommer werden die Alpwiesen beweidet, deswegen sind immer wieder Viehgatter zu queren. Man trifft auf diesen Wegen nur wenige andere Wanderer.

mals an, bis die Bergstation der Schelpenbahn samt Sendemast und Bergwachthütte erreicht ist. Im Sommer ist es leer und still hier oben.

Zum Gipfel des Hochschelpen geht es mit nur leichtem Anstieg weiter nach Süden. Über Stock, Stein und Wurzeln, dann über ein kleines Hochmoor. Zur Linken zeigt sich der kegelige Kopf des Besler, an dessen Nordseite sich die Riedbergpassstraße Richtung Balderschwang windet. Die Gipfel der Allgäuer Hochalpen schmücken den Horizont. Nach Süden erheben sich die markanten Abbruchkanten der Gottesackerwände. Das Gipfelkreuz des Hochschelpen ist nach etwa zweieinhalb Stunden erreicht. Es steht auf 1552 Meter Höhe auf einer wenig bemerkenswerten Graskuppe, die in den Sommermonaten von Jungvieh abgeweidet wird.

Vom Hochschelpen aus ist der Weg zur Burgl-Hütte ausgeschildert. Er führt zunächst durch dichten Bergwald. Plötzlich sind die Wegmarkierungen weiß-rot-weiß gestreift – die Grenze zu Österreich wurde überschritten. Später wird zur Rechten ein weiter Talkessel sichtbar. Ein Hang ist zu queren, dann mündet der schmale Pfad auf einen breiteren Weg, die Burgl-Hütte kommt in Sicht. Hier erwarten den Wanderer ein freundlicher Empfang, erfrischende Getränke und ein deftiger Brotzeitteller. An sonnigen Tagen gibt es dank des Solarpanels vor der Hütte sogar warmes Wasser zum Waschen.

Vor allem aber wartet hier oben: Stille. Der Blick über das Tal hinauf zu den zackigen Gipfeln von Trettachspitze und Mädelegabel, die sich im Abendlicht erst rosa und dann grau färben, um in der aufkommenden Dunkelheit zu versinken. Eine unglaublich ruhige Nacht, die endet, sobald die Sonne in die Schlafkammer blinzelt. Das Gefühl, dass Zeit hier oben keine Rolle spielt und die Hektik des Alltags unendlich weit entfernt ist.

Mit Bedauern verabschiedet man sich nach einem gemütlichen Frühstück, den Wegweisern nach Balderschwang folgend. Ein Pfad führt über feuchte Bergwiesen abwärts, dann geht es über ein asphaltiertes Sträßchen an zwei kleinen Alpen vorbei bis hinunter zur Bolgenach. Mit dem Überqueren der Brücke erreicht man wieder deutschen Boden und folgt dem Bachlauf nach rechts, bis nach etwa eineinhalb Stunden Gehzeit die Schelpenalp wieder erreicht ist.

Auf den Bergwiesen blühen im Sommer die Alpenblumen, der Hang neben der Burgl-Hütte ist über und über mit blauen Lupinen bedeckt.

FAZIT: SO ENTSPANNEND, DASS MAN AM LIEBSTEN LÄNGER BLEIBEN MÖCHTE – AUTHENTISCHER KANN EINE HÜTTENTOUR KAUM SEIN!

Hin & weg: Mit dem Bus von Oberstdorf oder Fischen bis Balderschwang, dann zu Fuß weiter. Alternativ beim Hotel Kienle anfragen, das die Burgl-Hütte betreibt, und sich einen privaten Parkplatz zuweisen lassen (www.hotel-kienle.de).

Beste Zeit: Mai-Oktober, am schönsten zur Lupinenblüte Ende Juni/Anfang Juli.

Dauer & Strecke: Gehzeit ca. 5,5 Std., 13,4 km.

Ausrüstung: Getränke für unterwegs, Handtuch, (Bettwäsche wird gestellt), Taschenlampe.

Wenn es Nacht wird: Unbedingt vorab auf der Burgl-Hütte (www.burglhuette.de) reservieren.

VIEL ZU ENTDECKEN

... auf der Willersalpe im Allgäu

#50

Die Wanderung vom Bergdorf Hinterstein im abgelegenen Ostrachtal zur Willersalpe gehört zu den schönsten Touren in der ganzen Region. Sie führt über einen Wasserfall und über ein spannendes Geotop zu einer der urigsten Hütten im Allgäu.

#Zipfelsfall #Wildfräuleinstein #demHimmelsonah #HintersteinerHighlight

Für ganz Sportliche ist die Willersalpe erst der Ausgangspunkt für Gipfeltouren auf die umliegenden Berge. Für diese hält sie auch 30 einfache Matratzenlager-Schlafplätze bereit. Für Genießer aber ist bereits die Wanderung vom Vorderen Dorf Hinterstein bis zur Alpe ein geradezu himmlisches Wandervergnügen: Gleich nach dem Start hinter der Kirche geht es über 100 Höhenmeter bergauf, immer dem Lauf des Zipfelsbachs nach, der sich in mehreren Wasserfällen von der Bergkante ins Tal ergießt. Der oberste Wasserfall ist rund 40 Meter hoch und gehört zu den höchsten im Allgäu. Über die runde Gumpe, in die das Wasser stürzt, führt ein Steg. Der perfekte Ort, um den Wasserfall ausgiebig zu bewundern und zu fotografieren!

Vom Zipfelsfall führt ein schmaler Wanderpfad ostwärts durch den Bergwald, mal ab-, mal aufwärts, mal über Wurzeln, dann über Treppen oder Stein. Immer wieder bieten sich

Vom Zipfelsfall (links) über den Wildfräuleinstein (rechts) bis zum Hochtal um die Willersalpe (ganz rechts) hat diese Tour viele Höhepunkte zu bieten.

Ausblicke auf das Hintersteiner Tal, das Dorf und die umliegenden Gipfel – so schön! Immer weiter schraubt sich der Pfad aufwärts, erst zum Aussichtspunkt »Köpfle« auf 1089 Metern, dann bis zum Wildfräuleinstein.

Bei diesem Geotop handelt es sich um eine hohe, fast weiße Felswand, in der sich zwei Aushöhlungen befinden, die mit etwas Fantasie wie eine Zwei-Zimmer-Höhlenwohnung wirken. Nach alter Hintersteiner Sage lebten dort einst die wilden Fräulein, die freundlich und fleißig waren. Einmal heiratete sogar eine von ihnen einen Hintersteiner. Sie durfte aber nur bei ihm bleiben, solange niemand ihren Namen nannte. Als eine Nachbarin versehentlich ihren Namen aussprach, musste sie ihren Mann verlassen. Sie verschwand aus dem Dorf. Heute erkunden neugierige Wanderer den Wildfräuleinstein über eine Holzleiter.

Der Weg führt weiter unterhalb des großen Berghangs entlang, quert einen weiteren Bach und steigt dann ordentlich an, denn bis zur Willersalpe sind noch etwa 350 Höhenmeter zu bewältigen. Der schweißtreibende Aufstieg entlang des Willersbachs wird durch den Blick in einen weiten Talkessel belohnt, an dessen westlichem Ende ein krummes Gipfelkreuz auf einem Hügel steht.

Nein, komfortabel waren die »Wohnungen« der wilden Fräulein wohl eher nicht. Aber hineinschauen möchte man als Entdeckerin von heute halt doch ...

Am östlichen Rand des Hochtals liegt die weiß gekalkte Hütte mit dem grünlich schimmernden Dach. Sie wird im Sommer als Sennalpe bewirtschaftet – das Käsbrot mit dem selbstgemachten Bergkäs ist übrigens eine echte Empfehlung! – und bietet weder warmes Wasser noch Strom noch anderen modernen Firlefanz. Stattdessen ist die Willersalpe ein einzigartig schöner und ruhiger Ort zur Einkehr. Es fällt deswegen nicht leicht, sich von hier zu verabschieden.

Schließlich macht man sich doch auf den Rückweg, geht zunächst den steilen Weg wieder hinunter und zweigt nach dem Queren des Bachlaufs nach links ab, zum Wanderparkplatz Hinterstein. Von dort folgt man der Talstraße bis zurück zum Ausgangspunkt.

FAZIT: DIESE TOUR FORDERT ZWAR ETWAS, ABER BELOHNT MIT DREI HÖHEPUNKTEN.

Hin & weg: Mit dem Auto zum Parkplatz an der Festhalle (hinter der Kirche) in Hinterstein oder mit dem Bus Nr. 49 von Bad Hindelang bis Hinterstein, Haltestelle Vorderes Dorf.

Beste Zeit: Mitte Mai–Ende Oktober, wenn die Wege schneefrei sind. Öffnungszeiten und Kontaktdaten der Willersalpe: www.hinterstein.de

Dauer & Strecke: 3,5–4 Std. reine Gehzeit, 9,7 km, ca. 650 hm.

Ausrüstung: Knöchelhohe Bergschuhe, ggf. Sonnenschutz, Trinken für unterwegs.

Wenn es Nacht wird: Willersalpe (tel. reservieren) oder (komfortabler) www.pension-hochvogel.de

---

HUNDERT PROZENT NATUR

… bei Markelfingen am Bodensee

#51

Am Ende der Straße steht ein Haus am See. Wer ankommt, fühlt sich sofort wohl. Das liegt nicht nur daran, dass sich im Naturfreundehaus Markelfingen alle duzen. Es liegt an der Natur. Der See liegt hier wirklich vor der Haustür – und sorgt für totale Tiefenentspannung.

#blaueStunde #HausamSee #entspannteAuszeit

Blaue Stunde am Markelfinger Winkel: In den Abendstunden ist die Stimmung ganz besonders. Egal, ob am Ufer oder mitten auf dem See. Einfach genießen!

Fernseher und Radios gibt es hier nicht. Die Natur ist das Programm – und zwar das allerschönste überhaupt. Also erst mal raus auf den Balkon, und sich die Naturdoku live ansehen. Morgens ziehen die Nebelschwaden über den Markelfinger Winkel, mittags glitzern die Bodenseewellen in der Sonne, abends leuchten Himmel und Wasser in den schönsten Blautönen, nachts die Sterne.

Wer sich sattgesehen hat, macht am besten sein eigenes Programm. Das ist hier wirklich einfach, denn das Naturfreundehaus bietet Natur pur. Der grüne Bodanrück liegt hinterm Haus, der Bodensee vor der Haustür. Und hier im Markelfinger Winkel ist der See besonders bezaubernd: Das Ufer ist herrlich unverbaut – nur Schilfhalme, keine Häuser!

Die Kajaks liegen im Garten bereit. Nach dem Abendessen geht es noch hinaus. Sanft und leise gleitet man im Wasser vorwärts. Paddelschlag für Paddelschlag. Tiefblau liegt der See da. Kein Mensch vor einem, neben einem, hinter einem. Nur die Bodenseewellen. Und ein paar Enten. Am Horizont der Säntis, am Himmel die Wolken. Blaue Stunde auf dem Wasser – was für ein Luxus! Die Weite. Das Licht. Das Draußensein ...

In Deutschland gibt es mehr als 400 Naturfreundehäuser, meist liegen sie in besonderen Naturschutzgebieten. Das Freizeitprogramm findet natürlich draußen statt, die Mitarbeiter helfen einem gerne mit Tipps und Ideen. Alle sind willkommen, wochentags Schulklassen, am Wochenende Familien und Gruppen.

Ab nach draußen: Direkt vor der Haustür gibt's so viel zu erleben. Erst mal eine Runde Beachvolleyball, dann im Kajak raus auf den See.

Sanfter Tourismus soll in den Häusern gelebt werden, und zwar so: Gäste kommen mit Bus und Zug, Lebensmittel direkt aus der Region.

Der Tag im Naturfreundehaus Markelfingen startet mit einem super leckeren Bircher Müsli – und dem Blick auf den See. Die wichtigste Frage: Was steht heute auf dem Programm? Ein Buch lesen auf dem Bootssteg. Wolken und Schiffe beobachten von der großen Liegewiese aus. Ein Steinmännchen am Ufer bauen. Spazieren gehen auf dem Bodanrück. Ein Rad mieten und bis zum Mindelsee fahren. Oder doch lieber mit dem Kanu rüberpaddeln zur Mettnau-Halbinsel? Eines ist sicher: Langweilen wird sich hier niemand. Also ab nach draußen!

FAZIT: HUNDERT PROZENT ENTSPANNUNG! UND NATUR PUR IM NATURFREUNDEHAUS.

Hin & weg: Mit dem Zug bis Radolfzell, dann mit dem Bus zur Haltestelle Naturfreundehaus (nur vom 1. April bis 1. Oktober) oder mit dem Regionalzug Seehas zum Bahnhof Markelfingen (Fußweg am See entlang 15 Min.).

Beste Zeit: Im Spätsommer, dann ist es besonders ruhig am See.

Dauer: Mindestens ein ganzes Wochenende lang.

Ausrüstung: Nichts außer Badesachen. Alles andere kann man leihen oder zu Hause lassen, vor allem das Smartphone.

Wenn es Nacht wird: Das Naturfreundehaus bietet verschiedene Schlafmöglichkeiten. Gemütliche Zimmer mit genialem Seeblick vom Balkon, Studios mit Kochgelegenheit oder sogar ein Bett im Baumzelt. Dazu regionale Küche und familienfreundliche Preise (www.naturfreundehaus-bodensee.de).

NIX ZU MECKERN ...

... im Schwarzwald

#52

Rechts Berghänge, links Berghänge. Und mittendrin im Albtal liegt Menzenschwand. Das Schwarzwalddorf beeindruckt mit seiner wunderschönen Natur – und seiner Ruhe. Wer dort unterwegs ist, hört nur das Rauschen der Alb-Wasserfälle. Und die Glocken der Geißen.

#Schwarzwaldidylle #aufdemGeißenpfad #wasfürWasserfälle

Vom schicken hölzernen Waldsofa aus hat man den besten Überblick: Die Schwarzwaldhöfe von Menzenschwand, das grüne Albtal, die Ziegenherden – hier will man am liebsten sitzen bleiben.

Doch es gibt noch so viel zu sehen. Auf den Weiden grasen die Geißen, wie die Schwarzwälder zu den Ziegen sagen. Auf dem elf Kilometer langen Geißenpfad geht es vom Wanderparkplatz Mösle aus los. Wer Glück hat, sieht gut und gerne auch mal die Tiere direkt neben sich stehen. Oder die Steinmännchen am Wegesrand. Und die riesigen Gesteinsbrocken, die Erdmoränen, alles Reste des früheren Feldberg-Gletschers.

Und natürlich die Menzenschwander Wasserfälle, die ins Tal rauschen. Herrlich kühl ist es hier, so mitten im schattigen Wald. Nur ein paar Schritte entfernt kann man noch eine herrliche Pause einlegen: Im Café und Bergbeizle Zum Kuckuck (www.kuckuck-schwarzwald.de).

Hier sitzen Wanderer bei gutem Wetter im Biergarten, mit Blick ins Menzenschwander Tal, und bei schlechtem Wetter in der gemütlichen Gaststube. Ein Wurstsalat mit Brägele oder ein Stück Kuchen – echte Schwarzwälder Leckerbissen!

Am nächsten Tag lohnt sich ein Rundgang durch Menzenschwand. Prachtvolle jahrhundertealte Schwarzwaldhöfe liegen dort. Knapp 600 Einwohner wohnen in den drei Teilen Vorderdorf, Mitteldorf und Hinterdorf. Viel mehr zu sehen gibt es eigentlich nicht. Halt! Das Winterhalter-Museum darf man nicht verpassen. Die Malerbrüder Franz Xaver und

Wasser, Tannen und Tiere: Der Geißenpfad in Menzenschwand ist herrlich. Und die Ruhe in dem kleinen Schwarzwaldort erst!

Hermann Winterhalter sind Menzenschwands berühmte Söhne aus dem 19. Jahrhundert.

Das Museum an der Hauptstraße kann niemand verfehlen. Wer reinkommt, steht in einem kleinen Salon mit Biedermeier-Sofa. Darüber hängt eine Kopie des Porträts von Kaiserin Sisi, gemalt von Franz Xaver Winterhalter. Der Bauernsohn aus einfachen Verhältnissen hat es bis an die großen Königshöfe geschafft – raus aus dem herrlichen Schwarzwalddorf. Doch bei allem Ruhm blieb er seiner Heimat immer eng verbunden. Wer einmal selbst in Menzenschwand war, versteht auch, warum.

FAZIT: MIT SEINER LAGE UND DEN HÖFEN IST MENZENSCHWAND EINES DER SCHÖNSTEN SCHWARZWALDDÖRFER. HINFAHREN, ANKOMMEN – UND AM BESTEN EINFACH DABLEIBEN!

Hin & weg: Am besten mit dem Auto zum Wanderparkplatz Mösle. Mit öffentlichen Verkehrsmitteln: Zug nach Seebrugg, weiter mit dem Bus nach St. Blasien, umsteigen nach Menzenschwand.

Beste Zeit: Mai–Oktober, dann sind abends die Wasserfälle beleuchtet. Öffnungszeiten des Museums Le petit Salon Winterhalter, Hinterdorferstraße 15, und weitere Infos dazu unter www.winterhalter-menzenschwand.de

Dauer & Strecke: 4 Std. und 11 km zu Fuß. Ambitionierte Wanderer übersteigen die Menzenschwander Hütte zum Feldberg auf (6–7 Std., 19,7 km).

Ausrüstung: Festes Schuhwerk und Verpflegung.

Wenn es Nacht wird: Wer übernachten will, genießt die Ruhe auf 900 Metern in den »Kuckucksnestern« im Albhof. Direkt neben den Wasserfällen sind in einem alten Schwarzwaldhof moderne Ferienwohnungen entstanden. Von wegen Spitzengardine, Teppichboden und Doppelbett! Mittlerweile gibt es mehrere der Design-Ferienwohnungen – alle mitten im Schwarzwald (www.kuckucksnester.de).

SONST NOCH WICHTIG

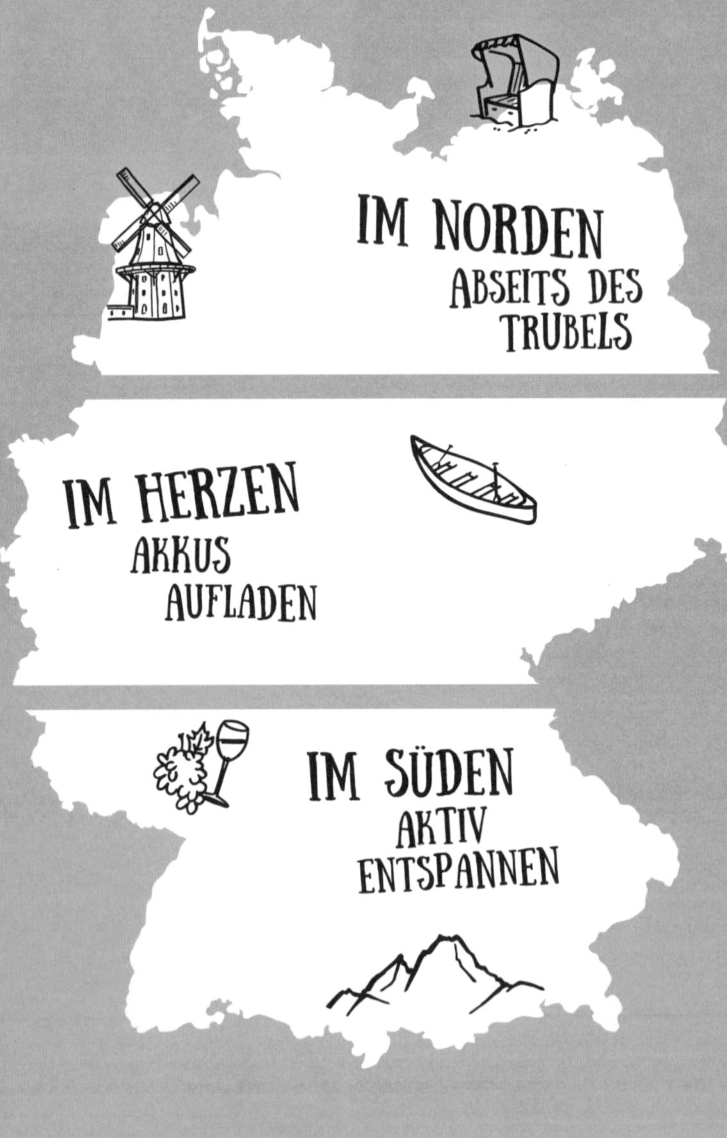

Ein- und Überblick

Eine Karte für den schnellen Überblick, praktische Tipps, mehr über die Autorinnen und Autoren sowie ein Ortsregister zum schnellen Nachschlagen gibt es auf den folgenden Seiten.

ALLE ESKAPADEN AUF EINEN BLICK

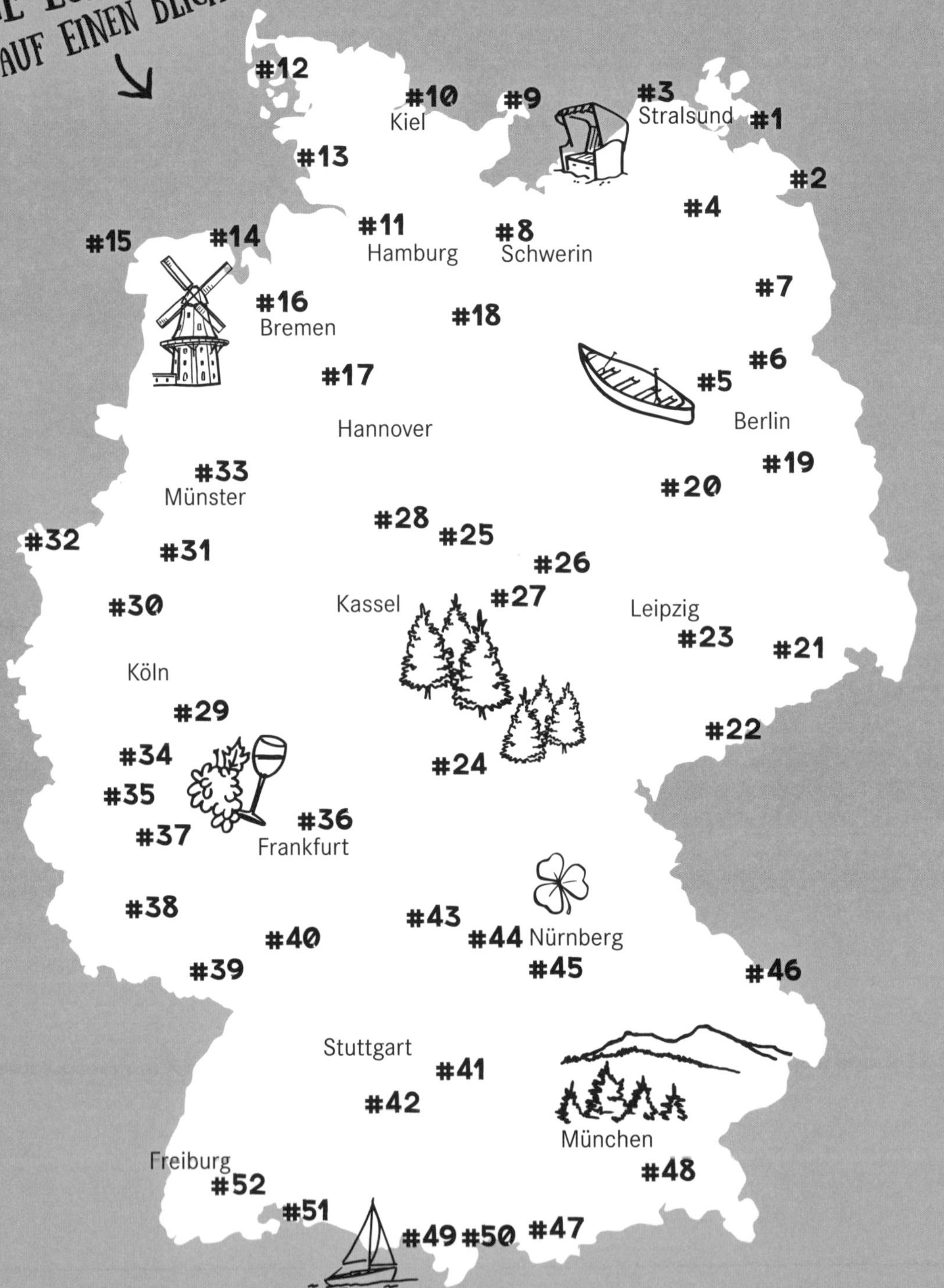

ESKAPADEN & AUTOREN

#1–3 Cornelia Jeske #4 Sylvia Pollex #5–6 Inka Chall #7 Sylvia Pollex #8–11 Stefanie Sohr & Volko Lienhardt #12 Elke Weiler #13 Stefanie Sohr & Volko Lienhardt #14–15 Andrea Lammert #16–17 Aylin Krieger #18 Alexandra Schlüter #19 Inka Chall #20 Laura Schneider #21–22 Siiri Klose #23 Sylvia Pollex #24 Christine Röhling & Michelle Tief #25–27 Jana Zieseniß #28 Marion Hahnfeldt #29 Susanne Völler #30–31 Ann Baer #32 Jutta M. Ingala #33 Katrin Jäger #34 Lucia Lehmann #35 Loni Liebermann #36 Sarah Waltinger #37–38 Sonja Anwar #39 Thomas Diehl #40 Sarah Uhrig #41–42 Sinja Stiefel #43 Verena Mog #44–45 Nina Soentgerath #46 Melanie Wolfmeier #47–48 Nadine Ormo #49–50 Barbara Kettl-Römer #51–52 Yvonne Weik

ÜBER DIE AUTOREN ...

... der kleinen Auszeiten und großen Entdeckungen

Vor einigen Jahren zog die Reisejournalistin an die Nordsee und rief www.meerblog.de ins Leben. Seitdem bloggt sie über Küsten, Inseln, Meere und das langsame Reisen. Wenn sie nicht gerade Nordfriesland mit dem Rad erkundet, geht sie am liebsten gemeinsam mit Hund Julchen und einer alten Acadiane namens Emilia auf Reisen.

ELKE WEILER

SYLVIA POLLEX

Könnte sich Sylvia eine Heimat aussuchen, wäre es Mecklenburg-Vorpommern mit den vielen Seen und dem weiten Himmel, wo man die Abendsonne bis zuletzt auskosten kann. Sie liebt die Unberührtheit der Natur und die Menschen, die dort leben.

Das Raue am Norden ist es, was Andrea fasziniert. Sie liebt es, ihre Füße ins samtweiche Watt zu stecken, und erkundet Ostfriesland gern so, wie es ihr der Großvater beigebracht hat: mit dem Fernglas zur Vogelbeobachtung im Rucksack. Was Andrea nah und fern erlebt, erzählt sie unter www.indigo-blau.de

ANDREA LAMMERT

STEFANIE SOHRIG
VOLKO LIENHARDT

Na, nun aber mal ab nach draußen?! – Kaum ein Satz konnte Stefanie in ihrer Kindheit mehr entrüsten als dieser. Heute holt sie begeistert nach, was sie als Kind rundheraus ablehnte.

Volko gelangte nach Umwegen über London, Prag und Tokio nach Hamburg. Dass der Himmel über St. Pauli oft aus Grautönen besteht, ist für den Fotografen kein Wermutstropfen. Ganz im Gegenteil. Es war gerade das Licht, das Volko aus dem Schwarzwald in den Norden lockte. Mehr unter www.indernaehebleiben.de

Am Strand liegen ist nicht so ihr Ding, Cornelia muss laufen. Das macht den Kopf frei … und glücklich! So verlor die Berlinerin auf einer Strandwanderung ihr Herz an die Ostsee und fährt seither immer wieder dorthin zurück. Über ihre Entdeckungen schreibt sie in Zeitungen, Magazinen und auf www.zweikuesten.de

CORNELIA JESKE

ALEXANDRA SCHLÜTER

Riesengroßes Reiseglück fand Alexandra bei den Eskapaden direkt vor der Haustür in der Lüneburger Heide und im Wendland. Ob zu Fuß, mit Rad, Pferd oder Kajak, es ist ganz einfach, jeden Tag etwas Neues zu erleben. Mehr über die Autorin unter www.alexandra-schlueter-books.de

AYLIN KRIEGER

Aylin ist ein echtes Nordkind: Wenn eine steife Brise weht, fühlt sie sich pudelwohl. Der Zauber des Reisens liegt für sie in den kleinen Details. Darum dürfen auf ihren weltweiten Touren Kamera und Notizbuch nie fehlen. Ihre Geschichten und Fotografien veröffentlicht sie auf ihrem Blog www.todaywetravel.de

Jana ist für ihren Reiseblog www.sonne-wolken.de nicht nur in der weiten Welt unterwegs, sondern immer wieder gern auch in ihrer alten Heimat, dem Harz. Sie liebt die raue Natur und lässt sich gerne den Harzwind um die Nase wehen.

JANA ZIESENIß

INKA CHALL & LAURA SCHNEIDER

Inka mag Bäume, Fernwanderungen und Schnee. Die polaren Gebiete dieser Erde sind deshalb auch ihre zweitliebsten Regionen, gleich hinter Brandenburg. Über ihre Reisen durch die Welt und vor der Haustür bloggt sie auf www.blickgewinkelt.de

Laura findet es »janz weit draußen« am schönsten. Immer auf der Suche nach neuen Geschichten entdeckt sie kreative Orte und sammelt Lieblingsplätze auf ihrem Reiseblog www.herzanhirn.de

CHRISTINE RÖHLING & MICHELLE TIEF

Christine ist Chefredakteurin des Rhön-Magazins und kennt das Mittelgebirge wie kaum jemand sonst – und trotzdem entdeckt sie immer wieder neue, faszinierende Seiten.

Michelle führte ihr Lebens- und Liebesweg von der Rhön in den Spessart, ihr Herz aber hat die Heimat nie verlassen. Auch sie ist begeistert, immer wieder neue Seiten der Rhön zu entdecken.

JUTTA M. INGALA

Jutta liebt Radfahren und den Herbst, die Weite der Landschaft und Wolkenberge am Himmel ebenso wie Innehalten und den kleinen Dingen nachspüren. Von Entdeckungen – und von Begegnungen – handeln auch ihre Geschichten auf www.6gradost.com.

SIIRI KLOSE

Siiri wuchs mit wanderfreudigen Eltern auf, die ihr von früh an zeigten, dass es weder weite Wege noch viel Vorbereitung fürs Abtauchen in die Natur braucht. Heute arbeitet sie als freie Journalistin und findet immer mehr Gründe, in Dresden zu bleiben.

Der Beruf brachte Ann ins Ruhrgebiet, heute nennt sie den Mix aus Natur und Industriekultur ihre Heimat. Als »Draußen-Mensch« begibt sie sich gerne auf skurrile Pfade und liebt den Erlebnisfaktor unbekannter Flecken.

ANN BAER

Katrin schätzt am Münsterland vor allem die Unaufgeregtheit. Als Krimiautorin, Journalistin und Texterin sitzt sie viel zu oft am Schreibtisch. Hat sie frei, will sie daher immer »raus an die frische Luft, rein in den Wald, ab zum See!«.

Für das Projekt »New Life Old Caravan« gab Marion ihr bürgerliches Leben vorübergehend auf und zog, getrieben von der Frage »Was braucht man wirklich zum Leben?« in einen Caravan an den Stadtrand von Hannover. Dort hat sie die Stadt schätzen und lieben gelernt. Mehr unter www.marion-hahnfeldt.de

Als Reisejournalistin und -autorin schreibt Susanne meist über Ziele, die weiter weg liegen – doch Köln, die Stadt mit »Hätz un Siel«, in der sie seit über 20 Jahren lebt, ist längst auch ihre Heimat geworden.

Lucia liebt Köln, ihr »großes Dorf«. Als Künstlerin und Journalistin locken sie jedoch oft ferne Freunde und spannende Projekte aus der Stadt heraus. Mehr über ihre Arbeit unter www.bridge-a-gap.com

Sonja ist seit 2013 in Hamburg zu Hause, hat aber die Zelte in Merzig, ihrer alten Heimat, nie abgebrochen. Hier stehen immer ein Paar Wanderschuhe parat für die nächste Erkundung zwischen Mosel, Saar und Hunsrück. Auf www.delightfulspots.de teilt sie ihre Tipps.

SONJA ANWAR

Thomas hat als Wanderjournalist einer Tageszeitung und Macher von www.wanderportal pfalz.de schon viele Pfalz-Freunde zu klassischen, aber auch ungewöhnlichen Unternehmungen in der freien Natur inspiriert.

THOMAS DIEHL

LONI LIEBERMANN

Die Liebe zur Landschaft hat Loni auf eine nun schon viele Jahre dauernde Entdeckungsreise in die Eifel geführt. Ihrer Neugierde zu folgen und in Bewegung zu sein ist für sie ein Schlüssel zum Glück.

SARAH WALTINGER

Obwohl Sarah gelegentlich von einem Neuanfang in der Ferne träumt, ist Mainz doch ihre Stadt des Herzens und das Rhein-Main-Gebiet ihre Heimat. Was sie nah und fern erlebt, erzählt sie auch auf ihrem Blog unter www.itchyfeet-travel.de

Seit Kindertagen ist die Schwäbische Alb für Sinja der *place to be*. Wenn sie nicht gerade durch Stuttgart und Umgebung oder die große, weite Welt flitzt, um neue Geschichten zu recherchieren, hält sie Ausschau nach den kleinen Wundern des Alltags. Ihre Abenteuer teilt sie auf www.brightsideguide.com

Reisen ist Ninas große Leidenschaft. 65 Länder hat sie bereits gesehen und sich durch ihre Küchen gefuttert. Zu Hause in Nürnberg findet man die Grafikerin hinter dem Herd oder mit ihrem Ratero-Mischling in der Natur. Über ihre Reisen und Erlebnisse schreibt sie auf www.reisehappen.de

Wenn Sarah nicht gerade beruflich bei anderen Menschen Reiselust schürt oder selbst ferne Ziele erkundet, freut sie sich über die schönen Dinge direkt vor der Haustür. Ihre kurpfälzische Heimat erkundet sie mit dem Fahrrad, zu Fuß oder auf dem Wasser, allein, mit Freunden oder mit Lama.

Ob zu Hause in Würzburg oder unterwegs in der weiten Welt, Verena sucht überall die Nähe zur Natur. Dabei schätzt sie die Landschaften ebenso wie ihre (tierischen) Bewohner. In ihrem Reiseblog www.hinter-dem-horizont.com erzählt sie von ihren Roadtrips und Wanderungen.

NADINE ORMO

Nadine braucht regelmäßig eine ordentliche Portion Natur. Da draußen bekommt sie den Kopf frei und nebenbei neue Inspirationen. Seit 2001 lebt und arbeitet sie in München und fühlt sich in Bayern als »Zuagroaste« längst daheim. Ihre vielseitigen Outdoor-Tipps teilt sie unter www.kulturnatur.de

Nach dem Abitur packte Melanie das Fernweh und seit ihrer ersten Rucksackreise zieht es sie regelmäßig fort. Dabei muss es nicht immer die Ferne sein. Je schneller sie beim Abenteuer ist, umso besser. Wie gut, dass der Bayerische Wald sozusagen der Hinterhof ihrer Wahlheimat Regensburg ist.

MELANIE WOLFMEIER

BARBARA KETTL-RÖMER

Der Liebe wegen kam sie in den 90ern ins Allgäu, inzwischen hat Barbara ihre Wahlheimat gründlich kennen- und lieben gelernt. Anfangs mochte sie die Alpen nur als Panorama, heute durchwandert sie die Berge mit Begeisterung. Über Ausflugsziele und Wanderungen berichtet sie auf www.tief-im-allgaeu.de

Es riecht nach Sommer. Nach Wald. Und nach Abenteuer! Auch wenn Yvonne leidenschaftlich gerne mit ihrer Familie mitten im Stuttgarter Westen lebt, zieht es sie immer wieder hinaus. Raus aus der Stadt und rein ins Abenteuer. Davon und von der weiten Welt erzählt sie auf www.frolleinweik.de

YVONNE WEIK

NOCH MEHR ESKAPADEN …

Das gesamte Programm gibt's im Buchhandel
und unter www.dumontreise.de

ISBN 978-3-7701-8076-9

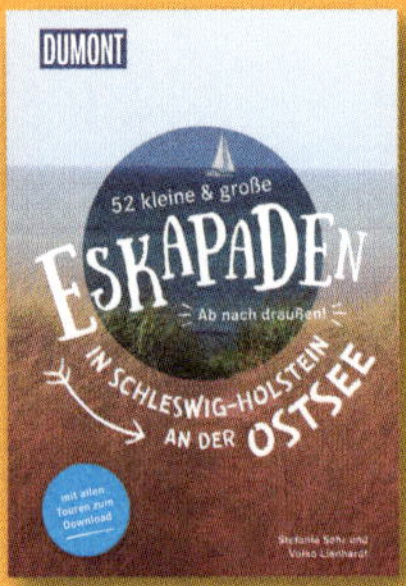

ISBN 978-3-7701-8086-8

ISBN 978-3-7701-8092-9

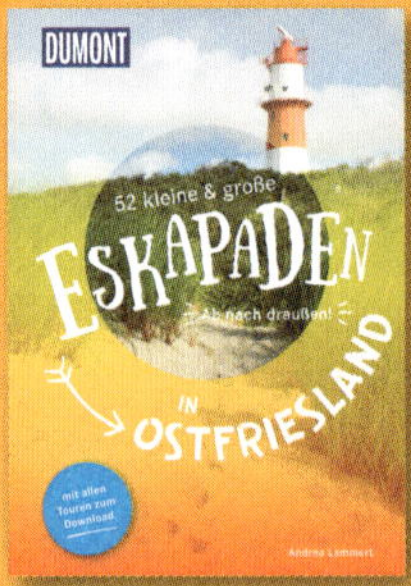

ISBN 978-3-7701-8098-1

ISBN 978-3-616-11009-7

ISBN 978-3-7701-8071-4

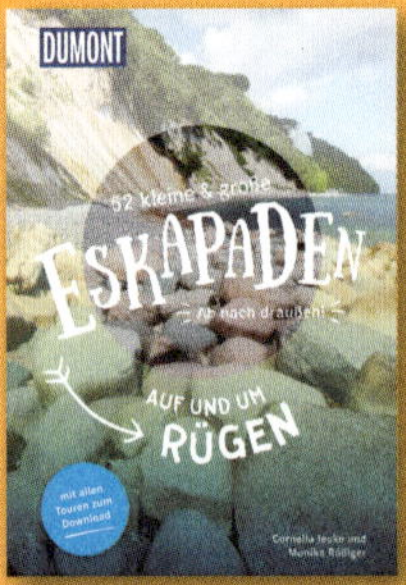

ISBN 978-3-7701-8083-7

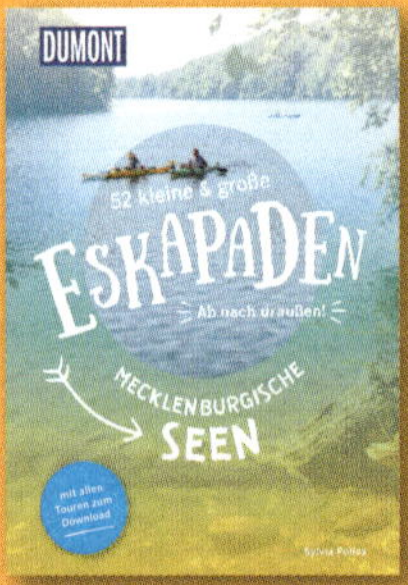

ISBN 978-3-7701-8084-4

ISBN 978-3-7701-8080-6

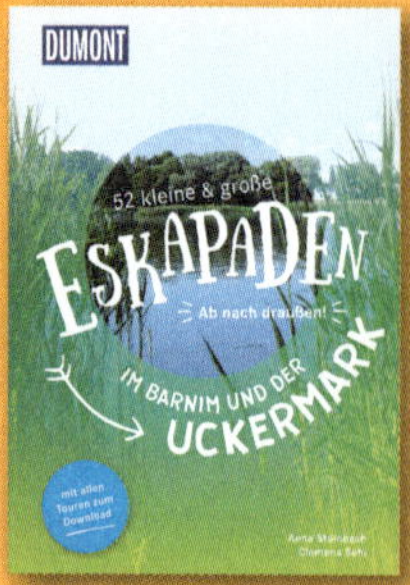

ISBN 978-3-616-11007-3

ISBN 978-3-7701-8093-6

ISBN 978-3-7701-8096-7

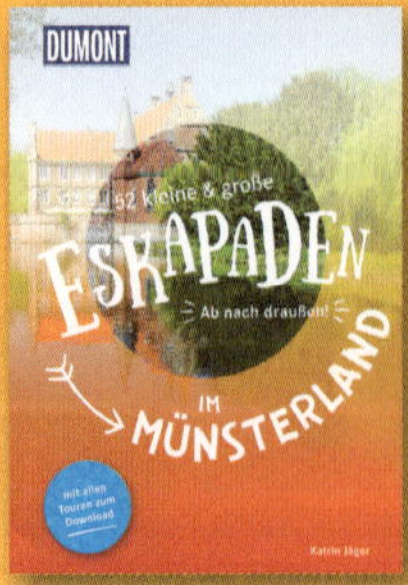

ISBN 978-3-616-11000-4

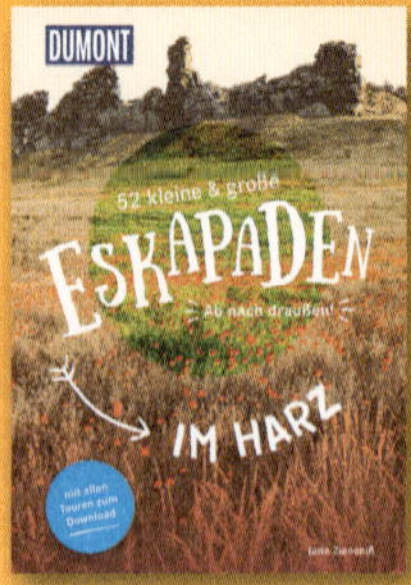

ISBN 978-3-7701-8072-1

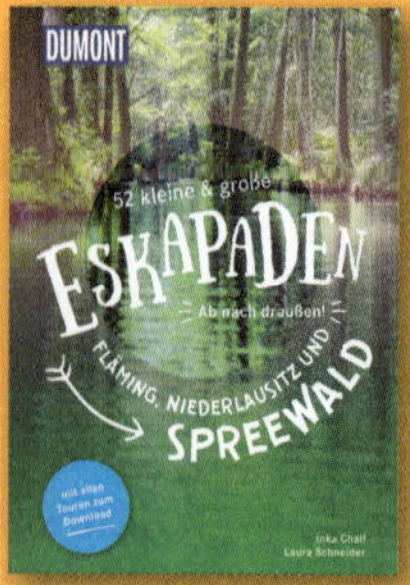

ISBN 978-3-616-11013-4

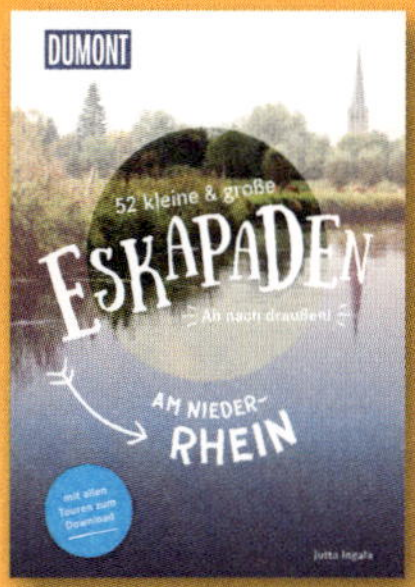

ISBN 978-3-7701-8082-0

ISBN 978-3-7701-8087-5

ISBN 978-3-7701-8074-5

ISBN 978-3-7701-8073-8

ISBN 978-3-7701-8081-3

ISBN 978-3-7701-8070-7

ISBN 978-3-7701-8099-8

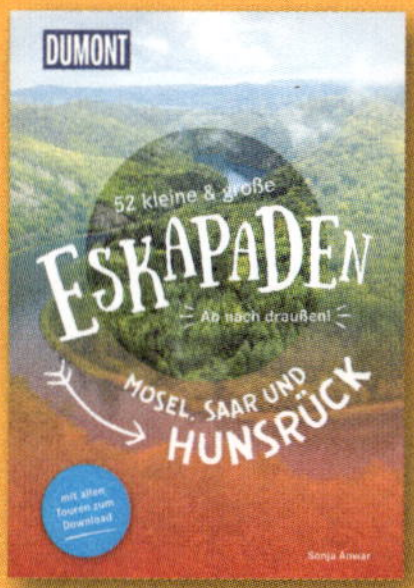

ISBN 978-3-616-11003-5

ISBN 978-3-7701-8091-2

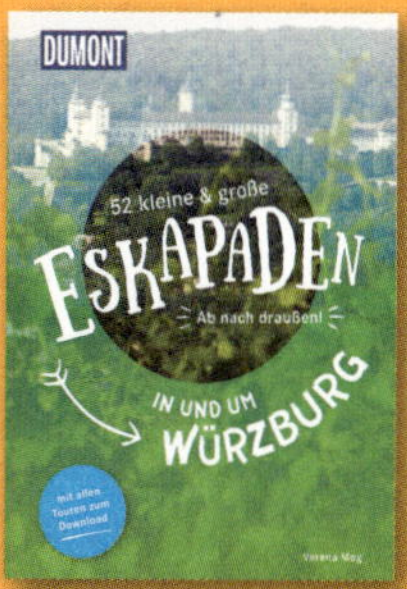

ISBN 978-3-616-11001-1

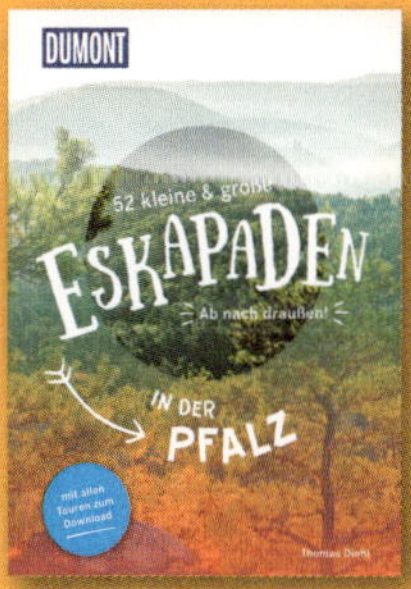

ISBN 978-3-7701-8094-3

ISBN 978-3-7701-8097-4

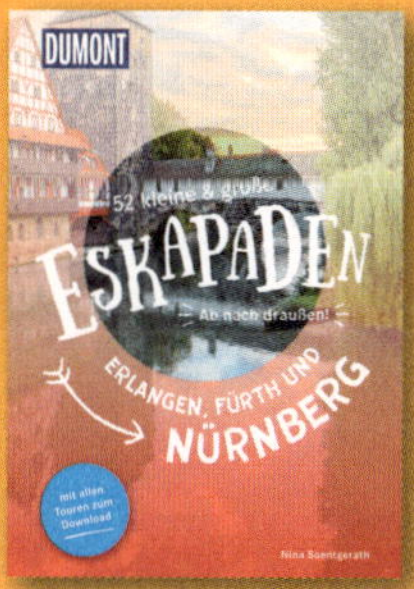

ISBN 978-3-616-11002-8

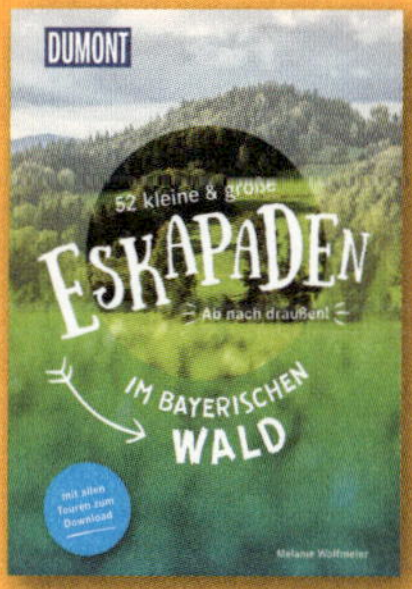

ISBN 978-3-7701-8089-9

ISBN 978-3-7701-8075-2

ISBN 978-3-7701-8078-3

ISBN 978-3-7701-8077-6

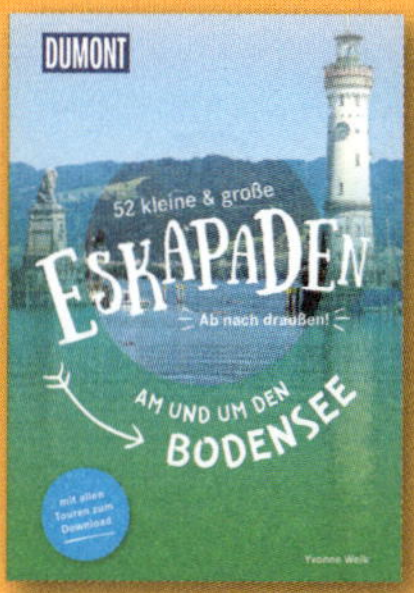

ISBN 978-3-616-11012-7

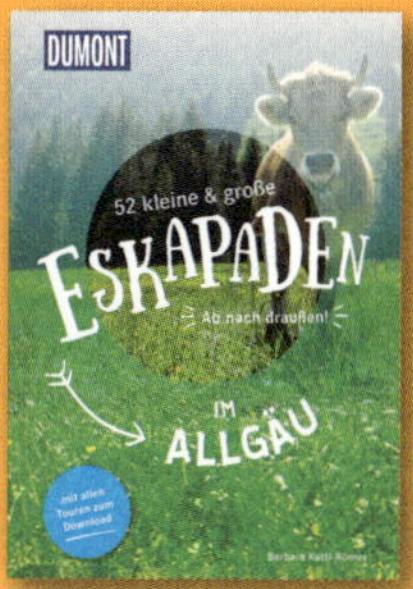

ISBN 978-3-616-11006-6

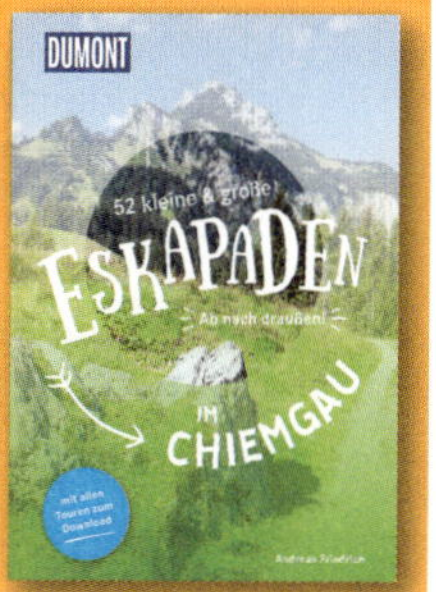

ISBN 978-3-7701-8095-0

WER HAT WAS GEMACHT?

IMPRESSUM

Konzept & Projektmanagement Monique Sorban

Cover-/Buchgestaltung & Illustrationen Carolin Weidemann, Köln, www.weidemann-design.com

Produktion Verlagsbüro Wais & Partner (Julia Rietsch), Stuttgart, www.wais-und-partner.de

Fotos Sonja Anwar (S. 158, 160, 162–165, 231 o. l., 239), Ann Baer (S. 132–133, 135, 229 u. r.), Heidi Bitzer (S. 125–126, 127 u.), Inka Chall (Titelseite/Umschlag, S. 26–29, 30–33, 84–87, 228 u.l.), Thomas Diehl (S. 166, 168, 231 u. l.), Steffen Füssel (S. 96, 98), Alea Füzy (S. 229 o. r.), Marion Hahnfeldt (S. 120–123, 230 o.), Lukas Holzmeier, Bielefeld (S. 128, 130), Jutta M. Ingala (S. 136–139, 229 M.), Katrin Jäger (S. 140–143, 230 M.), Cornelia Jeske (S. 10–13, 14, 16–17, 18–21, 227 M.), Barbara Kettl-Römer (S. 206–209, 210–213, 233 M.), Siiri Klose (S. 92–95, 229 u. l.), Christian Knöll (S. 229 o. l.), Aylin Krieger (S. 70, 72–73, 74, 76–77, 228 o.), Andrea Lammert (S. 62, 64–65, 66–69, 226 u. r.), Kai Lamparter (S. 144, 146–147, 230 u. r.), Loni Liebermann (S. 148–151), Volko Lienhardt (S. 38, 40–41, 42, 44–45, 46–49, 50, 52–53, 58, 60–61, 227 o.), Lüdinghausen Marketing e. V. (S. 134), Verena Mog (S. 6/7, 182–185, 232 u. r.), Nadine Ormo (S. 198–201, 202, 204–205, 225, 233 o. l.), Sylvia Pollex & Thomas Rötting (S. 2, 22–25, 34, 36–37, 100–103, 226 u. l.), Steven Ritzer, Borwalde (S. 228 u. r.), Christine Röhling & Michelle Tief (S. 104, 106–107), Alexandra Schlüter (S. 78, 80–81, 227 u.), Laura Schneider (S. 88, 90–91), Nina Soentgerath (S. 186–189, 190–193, 232 u. l.), Sinja Stiefel (S. 174–177, 178, 180–181, 232 o. l.), Sarah Uhrig (S. 170, 172–173, 232 o. r.), Susanne Völler (S. 124, 230 u. l.), Sarah Waltinger (S. 154, 156–157, 231 u. r.), Yvonne Weik (S. 214, 216–217, 218, 220–221, 233 u.), Elke Weiler (S. 54–57, 226 o.), Melanie Wolfmeier (S. 194, 196–197, 233 o. r.), Andrea Wurth (S. 231 o. r.), www.siegtal-finca.de (S. 127 o.), Jana Ziesenіß (S. 108, 110–111, 112, 114–115, 116, 118–119, 228 M., 237)

Kartografie © KOMPASS, Innsbruck (S. 24, 36, 64, 68, 72, 77, 87, 91, 107, 122, 130, 135, 142, 161, 165, 172, 176, 180, 184, 188, 193, 209, 212, 217); © MAIRDUMONT, Ostfildern (S. 13, 17, 21, 28, 32, 41, 45, 49, 53, 57, 61, 81, 95, 99, 103, 111, 115, 119, 126, 139, 147, 151, 156, 168, 196, 201, 205, 220). Kartenerstellung unter Verwendung von Kartendaten von OpenStreetMap, Lizenz CC-BY-SA 2.0

Printed in Poland

1. Auflage 2021

ISBN 978-3-7701-8233-6

www.dumontreise.de

GPX-Download aufs Smartphone – so geht's

Voraussetzung:
Eine Outdoor-App muss installiert sein, z. B. KOMPASS, Outdooractive oder Komoot. Zum Einlesen des QR-Codes benötigen Android-Geräte eventuell eine QR-Code-App. Bei IOS-Geräten ist diese Funktion in der Kamera integriert.

Daten downloaden:

1. Den QR-Code einlesen oder die Webadresse im Browser eingeben, um auf die Eskapaden-Website zu gelangen.
2. Die gewünschte Tour zum Download anklicken.
3. Bei IOS-Geräten werden die GPX-Daten direkt mit der vorab installierten App verknüpft. Bei Android-Geräten muss ggf. noch ein Weiterleiten-Button geklickt werden (z. B. oben rechts im Display). Manche Apps zeigen den Tourverlauf starr an, andere haben eine Navigationsfunktion dabei.

Tourenverlauf

GPX-Daten zum kostenlosen Download www.dumontreise.de/eskapaden/kraft-und-ruhe

short.travel/uuwq3

ESKAPADEN-REGISTER …

Alle Orte mit Seitenverweisen

Ab nach draußen!

5 BESONDERE EMPFEHLUNGEN …

Mit Genuss

Wie wäre es mit herzlicher Gutshaus-Gastfreundschaft in der Mecklenburgischen Schweiz (Eskapade #4)? Oder westfälischen Leckereien auf einem Bauernmarkt in Lüdinghausen (#31)? Aber auch selbst gepflückte Beeren rund um Cadolzburg (#44) sind nicht zu verachten.

Künstlern auf der Spur

An den Feldberger Seen entfaltet sich das idyllische Setting der Romane von Hans Fallada (Eskapade #7), während die Klever Gärten die Kunst barocker Gartenbaumeister präsentieren (#32). Die bislang ältesten Kunstwerke der Menschheit entstanden aber auf der Schwäbischen Alb (#41).

In die Ferne schweifen

Manchen reicht schon ein Teil des großen Ganzen, andere wollen mehr: Auf dem Fernwanderweg E1 zwischen Eckernförde und Kiel (Eskapade #10), auf dem Fernradweg R1 im Harz (#26) oder auf dem Mosel-Camino (#37) bestimmt jeder selbst, wie weit ihn seine Füße oder sein Rad tragen sollen.

Mal was anderes

Wellnessmaske und Sauna findet man in Hooksiel direkt am Nordseestrand (Eskapade #14). Und auf der Schwäbischen Alb (#42) kann man für einen Tag tatkräfitg im Stall und auf dem Demeterhof mit anpacken. Die Stadt Nordhusia im Sundhäuser See (#27) dagegen lässt sich nur mit Tauchausrüstung erkunden.

Ommm …

Genieße ganz meditativ den Blick aufs Meer. Am besten von deiner eigenen kleinen Badewagen-Terrasse in Rügens Ruhezone (Eskapade #1). Finde Entschleunigung beim Eselwandern durch die Vulkaneifel (#35). Oder genieße den magischen Moment, wenn die Sonne über dem Krottenkopf in den bayerischen Voralpen (#47) aufgeht.